U0547448

名师工程
《基础教育课程》丛书

教育部基础教育课程教材发展中心
《基础教育课程》杂志社组编

基于核心素养的高中化学教学

总 主 编　付宜红
本册主编　刘沁忆

西南大学出版社
国家一级出版社　全国百佳图书出版单位

图书在版编目（CIP）数据

基于核心素养的高中化学教学／刘沁忆主编. — 重庆：西南大学出版社，2023.4
ISBN 978-7-5697-1419-7

Ⅰ.①基… Ⅱ.①刘… Ⅲ.①中学化学课－教学研究－高中 Ⅳ.①G633.82

中国版本图书馆 CIP 数据核字（2022）第 230286 号

基于核心素养的高中化学教学
JIYU HEXIN SUYANG DE GAOZHONG HUAXUE JIAOXUE
刘沁忆　主编

责任编辑：鲁　欣　黄丽玉
责任校对：刘鑫欣
出版发行：西南大学出版社（原西南师范大学出版社）
　　　　　　地址：重庆市北碚区天生路2号
　　　　　　邮编：400715　市场营销部电话：023-68868624
　　　　　　网址：http：//www.xdcbs.com
经　　销：新华书店
印　　刷：重庆升光电力印务有限公司
幅面尺寸：170 mm×240 mm
印　　张：12
字　　数：195千字
版　　次：2023年4月　第1版
印　　次：2023年4月　第1次印刷
书　　号：ISBN 978-7-5697-1419-7
定　　价：62.00元

若有印装质量问题，请联系出版社调换
版权所有　翻印必究

foreword 序

本丛书是由教育部基础教育课程教材发展中心《基础教育课程》杂志社策划编辑的系列教师读本。丛书中提炼的主题以及精选的文章聚焦当前教育重点、热点话题，体现了《基础教育课程》杂志的办刊理念，浓缩了《基础教育课程》杂志近年来的出刊精华，汇聚了全国一流专家学者、特级教师，以及教育行政、教研人员的科研成果与实践智慧。

课程是国家意志的体现，基础教育课程承载着国家对人才培养的目标、期盼与路径设计。2004年，由教育部主管、教育部基础教育课程教材发展中心主办的《基础教育课程》杂志创刊，国务院前副总理李岚清同志亲笔题写刊名。当时的杂志从教育部为各课程改革实验区编发的《基础教育课程改革通讯》改编而来。十几年来，杂志秉承"专业引领、服务实践"的办刊理念，以全面贯彻新时期党和国家教育方针，坚守素质教育阵地，弘扬课程改革主旋律，落实立德树人根本任务为宗旨，聚焦基础教育课程改革的推进，记录、跟踪基础教育课程改革发展历程，权威发布并深度解读国家基础教育改革及课程教材建设相关政策文件，提炼报道地方及学校改革经验和动态，宣传推广基础教育课程教材、教学教研及评价领域最新成果。如今，

《基础教育课程》杂志已成为国内一流的课程教学专业期刊，是国家课程教材专业研究机构——课程教材研究所指定期刊，全国中文核心期刊，中国人民大学复印报刊资料重要转载来源，为中国核心期刊（遴选）数据库、中国学术期刊网络出版总库全文收录。

近年来，《基础教育课程》杂志聚焦教育部主责主业，依托国家教材委员会，教育部基础教育课程教材专家咨询委员会，国家课程方案、各学科课程标准以及中高考命题改革等权威专家力量，在学生核心素养发展、国家课程方案、课程标准、新教材解读以及教学研究、考试评价制度改革、深度学习教学改进、高中育人模式变革等方面做了系列重点报道，已成为地方、学校执行国家课程方案，探索育人模式变革，落实立德树人根本任务的高端交流与展示平台。为使期刊近年来策划组织的相关重大选题和文章发挥更大的辐射作用，在西南大学出版社的支持下，我们策划编撰了此丛书。

此丛书共有两个系列，分别是"基于核心素养的新时代课程建设系列"和"基于核心素养的教学改进系列"。"基于核心素养的新时代课程建设系列"包含《新时代的劳动教育》《新时代的校本课程建设》《新时代的主题教育课程》和《新时代的教研工作》四个分册。"基于核心素养的教学改进系列"涵盖《基于核心素养教学改进的落地导引》《基于核心素养的大单元和大概念教学》《基于核心素养的深度学习》《基于核心素养的项目式学习》《基于核心素养的跨学科学习》《基于核心素养的任务驱动与问题解决式学习》及《基于核心素养、着眼未来的学习》等热点教学策略。此外，"基于核心素养的教学改进系列"还聚焦普通高中新课程标准（2017年版2020年修订）和新高考，涉及语文、数学、英语、思想政治、历史、地理、物理、化学、生物学9个学科的新课标、新教材及其对应的新教学策略与教学设计和考试评价等内容。

有别于名家、名师的个人专著，本丛书具有作者众多，研究视角多样，案例丰富、典型，特别是导向前瞻，既有理论指导性又有实践可操作性等鲜明特点，希望能为广大教师在落实立德树人根本任务，构建"五育"并举的学校课程体系，开展基于核心素养的教学以及探索新中高考改革的路上提供切实的引导与帮助！

《基础教育课程》杂志社主编　付宜红

Preface 前言

化学课程对于科学文化的传承和高素质人才的培养具有不可替代的作用，是落实立德树人根本任务、发展素质教育、弘扬科学精神、提升学生核心素养的重要载体。化学学科核心素养是学生必备的科学素养，是学生终身学习和发展的重要基础。2017年底，教育部发布了关于印发《普通高中化学课程标准（2017年版）》的通知，并于2020年5月进行了修订并颁布了《普通高中化学课程标准（2017年版2020年修订）》（以下统一简称"新课程标准"），普通高中化学课程教学步入了一个崭新时代。

普通高中化学新课程标准立足于学生适应现代生活和未来发展的需要，充分发挥化学课程的整体育人功能，构建全面发展学生化学学科核心素养的高中化学课程目标体系。化学学科核心素养包括"宏观辨识与微观探析""变化观念与平衡思想""证据推理与模型认知""科学探究与创新意识""科学态度与社会责任"五个方面，将化学知识与技能的学习、化学思想观念的建构、科学探究与问题解决能力的发展、创新意识和社会责任感的形成等多方面的要求融为一体，体现了化学课程在帮助学生形成未来发展需要的正确价值观、必备品格和关键能力中所发挥的重要作用。

在新课程标准的统领下，普通高中化学新教材陆续修订问世。截至2021年，共有人教版、鲁科版、苏教版、沪科版4个版本的普通高中化学教材已通过审定并投入使用。

普通高中化学教材的编写遵循新课程标准确立的基本理念和目标要求，以落实立德树人根本任务、发展学生化学核心素养为宗旨；以学生的生活经验为基础，充分关注学生的心理特点和认知发展水平，具有梯度合理、丰富多样的活动，精心设计学生实验，引导学生在解决实际问题的活动中提升化学学科核心素养水平；反映化学发展的特点和发展趋势，凸显现代科学技术发展的新成就，尤其是我国科技工作者取得的重大成果；形成了各版本教材的编排体系以及相应的特色和风格，彰显化学学科特有的育人价值与功能。

新课程和新教材需要新的教学与评价方式。如何在课堂上培育学生的化学学科核心素养？采用什么样的教学方式能够促进学生化学学科核心素养的发展？化学学科核心素养如何评价与测量？学业质量标准与考试评价的关系是什么？基于核心素养的课程改革，促使化学教师对传统课堂教学展开新一轮审视。新课程标准必修课程不再划分模块，依据主题组织课程内容，提高课程实施的整体性；选择性必修课程采用模块结构，体现化学学习领域的特点以及与大学化学课程的关联性；选修课程采用系列模式，提高课程的兼容性和灵活性，有利于学校课程的自主开设和学生的自主选修。在必修课程阶段，突出化学基本观念（大概念）的统领作用，选取"化学科学与实验探究""常见的无机物及其应用""物质结构基础及化学反应规律""简单的有机化合物及其应用""化学与社会发展"5个主题。在选择性必修课程中，依据化学学科的基础性研究领域，设置"化学反应原理""物质结构与性质""有机化学基础"3个模块。在选修课程中，设置"实验化学""化学与社会""发展中的化学科学"3个系列，综合体现化学研究方法、化学的社会价值以及化学学科的发展。其中，在必修课程和选择性必修课程中分别明确规定了9个学生必做实验，共计18个学生必做实验，突出对学生实验探究能力的培养，是化学新课程标准的一大亮点。核心素养的测试与评价更是富有挑战性的难题。2019年，《国务院办公厅关于新时代推进普通高中育人方式改革的指导意见》明确提出要深化考试命题改革，从"优化考试内容""创新试题形式""加强命题能力建设"几个方面着力。2020年初，教育部考试中心发布

前　言

《中国高考评价体系》，通过构建"一核四层四翼"，回答了高考"为什么考""考什么""怎么考"的问题。普通高中化学课程的考评应以课程目标、课程内容和学业质量标准为基本依据，以化学学科核心素养的达成作为评价的基本要素，树立"素养发展为本"的化学学习评价观，紧紧围绕化学学科核心素养的发展水平和化学学业质量要求来确定化学学习评价目标和评价标准，注重过程性评价和结果性评价的有机结合。

为落实好当前新课标、新教材、新教学、新评价以及对化学教师的新要求，《基础教育课程》杂志自新课程标准颁布以来，走访课改名家，征集一线优秀化学学科教研员、特级教师等的科研与教学成果，刊发介绍了大量的针对新普通高中化学课程改革研究与实践的文章。本书遴选其中精华部分，精心编排，奉献给读者。全书共分三个部分，具体如下。

第一部分："新课程标准亮点与特色"，主要介绍2017年版化学课程标准的修订思路与亮点，系统梳理普通高中化学课程的相关概念和基本原理，同时展现化学课程与传统文化、创新素养培育、生涯教育等元素的融合。可以说，本章是全书的基础和方向。

第二部分："核心素养背景下的化学教学策略"，这一章中既有在化学新课程背景下对教学目标确定、教学内容选取、教学情境及任务活动设计的重新思考，又有对高中化学教学方式的新探索，包括化学课程的目标与内容设定、化学深度学习以及各类新型的教学方式等。本章收录的文章出自全国各地的专家、教研员、优秀教师之手，从不同的角度为化学学科核心素养的落实贡献智慧。只有将观念和理论转化为实施策略，核心素养才能真正落地。因此，本章是全书的重心和落脚点。

第三部分："化学核心素养怎么考"，精选了2018年以来化学学科的高考试题解析。本章选文通过对化学学科命题改进的研究和对考题的剖析，希望呈现新高考如何与新课程对接，实现从知识、能力立意到学科核心素养立意的转变。

本书的编排力求做到从理论到实践，从课程到教学再到评价，全方面呈现普通高中化学课程的新发展，深入浅出、层层递进，既有理论内涵的介绍与剖析，又有实践应用的策略与方法，期待能够为促进广大教师教学实践、推动普通高中化学课程发展提供借鉴。

Contents 目　录

第一章　新课程标准亮点与特色

素养为本·多元发展·与时俱进
　　——2017年版高中化学课程标准的修订思路与亮点解读／徐端钧　1
化学课堂融入传统文化的多维度研究／杨希　迟少辉　王祖浩　6
创新素养在高中化学教学中的培育途径／陈新华　15
将生涯教育理念融入化学课堂／孟凡荣　张建民　李子春　22

第二章　核心素养背景下的化学教学策略

第一节　目标与内容设定／30

学习目标是基于课程标准的学习的第一步／梁淑惠　30
课程内容情境化的价值、策略及教学思考／吴克勇　蔡子华　42
"目标、情境、活动、问题"四步落实化学核心素养／李书霞　49
指向素养发展的高中化学教学改进／陈　颖　57

第二节　化学深度学习／64

以深度学习促核心素养发展的化学教学／胡久华　64

体现深度教学理念的大单元教学设计／王云生　75

指向素养养成的化学深度学习

——"保护珊瑚礁——水溶液中的离子平衡主题复习课"

例析／陈　争 83

第三节　新型教学方式／92

指向素养发展的项目式学习教学

——以"可燃冰资源开发和利用"为例

／康永明　陈　颖　汪美荣　92

指向学科核心素养的单元整体教学

——以"海水中的化学"主题为例／胡巢生　100

化学学科社会性科学议题教学模式探析

——以"青江硫酸厂何去何从"为例／冯彦国　刘一恒　109

指向素养发展的问题解决式教学

——以"电池是如何产生电流的？"为例／庞　雪　115

促进问题解决思路建构的学生必做实验课教学

——以"不同价态含硫物质的转化"为例

／胡久华　李　琦　马洪武　冯清华　122

第三章　化学核心素养怎么考

化学试卷中的核心素养

——例谈2018年高考理综全国卷Ⅰ化学试题及教学启示

／洪良腾　129

选择题中的大观念

——2018年高考理综全国卷化学选择题的设计特色／王云生　136

探索日常命题中的化学素养考查

——以2018年辽宁省大连市双基测试题为例／赵　扬　140

高考内容改革对化学教学的导向

——以2019年高考理综全国卷化学试题为例／王云生　144

从选择题中看化学必备知识与关键能力的考查

  ——以2020年高考理综全国卷中的化学选择题为例／王云生 150

化学学科核心素养如何"被考"

  ——以2021年高考化学试题为例／支 瑶 158

新高考化学主观题情境创设水平的研究

  ——基于2021年六套高考化学试卷的分析／毛璐佳 王祖浩 167

第一章

新课程标准亮点与特色

素养为本·多元发展·与时俱进

——2017年版高中化学课程标准的修订思路与亮点解读

徐端钧[①]

一、普通高中化学课程改革实施以来取得的成就与亟待解决的问题

在过去十余年普通高中化学课程改革的实践中，2003年颁布的课程标准实验稿发挥了巨大的作用。实验稿借鉴国际科学教育和化学教育先进的教育理念，聚焦提高学生的科学素养水平，从3个维度建构化学课程目标，建立了"2个必修模块+6个选修模块"的课程结构，课程内容体现化学科学与技术发展和社会生活变化的时代性需求，倡导以化学实验为主的多种探究活动，倡导关注学生个性发展的多样化评价方式。这些理念在改革实践中逐渐深入人心，教师的教学行为发生了"静悄悄的革命"，对我国基础教育质量的提高起到了重要推动作用。这些也是我们在新标准修订中需要坚持的。

实验稿在教学实践的应用中也遇到了一系列问题，例如化学课程模块的

---

① 徐端钧，浙江大学化学系教授。

选择性未得到充分落实，课程内容的时代性仍需提升，必修化学知识的深广度被拓展，实验和科学探究活动被轻视，考试评价偏离标准等。本次修订通过调整和优化课程结构、课程内容和实施建议，增设教学提示、学业要求和学业质量水平要求，以期使上述问题得到缓解或解决。

二、本次修订的重点与目标

一是以发展化学学科核心素养为主旨。立足于学生适应现代生活和未来发展的需要，充分发挥化学课程的整体育人功能，构建全面发展学生化学学科核心素养的普通高中化学课程目标体系。二是设置满足学生多元发展需求的普通高中化学课程。通过有层次、多样化、可选择的化学课程，拓展学生的学习空间，在保证学生掌握共同基础知识的前提下，引导不同的学生学习不同的化学内容，以适应学生未来发展的多样化需求。三是选择体现基础性和时代性的化学课程内容。结合人类探索物质及其变化的历史与化学科学发展的趋势，引导学生进一步学习化学的基本原理和方法，形成化学学科的核心观念；结合学生已有的经验和将要经历的社会生活实际，引导学生关注人类面临的与化学有关的社会问题，培养学生的社会责任感、参与意识和决策能力。四是重视开展"素养为本"的教学。倡导真实问题情境的创设，开展以化学实验为主的多种探究活动，重视教学内容的结构化设计，激发学生学习化学的兴趣，促进学生学习方式的转变，培养他们的创新精神和实践能力。五是倡导基于化学学科核心素养的评价。依据化学学业质量要求，评价学生在不同学习阶段化学学科核心素养的达成情况，积极倡导"教、学、评"一体化，促使每一个学生的化学学科核心素养得到不同程度的发展。

研究发现，化学课程的国际发展呈现以下趋势：化学课程的水平和类型更加多样，重视化学与环境、生命科学、技术、工程等跨学科的联系，越来越关注学生的认识发展，强调学生思维的外显和高级思维的培养。探究式教学、项目式学习、综合性实践活动等教学方式在教学实践层面得到广泛认同，化学实验研究的现代化手段、信息媒体技术的应用不断丰富，对学生化学学科能力多种评价方式的探索也日趋深入。这些趋势在本次修订中都得到了充分反映。值得一提的是，本次修订将学生发展核心素养在化学课程学习中具体化、细化为化学学科核心素养，既是对全球倡导的核心素养观点的充分吸纳，同时在学科层面又有创新和突破，充分体现了化学课程国际发展的动态和趋势，对国际科学教育和化学教育有重要贡献。

三、新标准中化学课程在培养人方面的独特贡献

基于对化学学科本质的深入探讨，修订组从多个方面对化学学科的育人价值进行了考察，提出了"宏观辨识与微观探析""变化观念与平衡思想""证据推理与模型认知""科学探究与创新意识""科学态度与社会责任"5个方面的化学学科核心素养。这5个方面立足于高中生的化学学习过程，各有侧重，相辅相成。"宏观辨识与微观探析""变化观念与平衡思想""证据推理与模型认知"要求学生形成化学学科的思想和方法；"科学探究与创新意识"从实践层面激励学生勇于创新；"科学态度与社会责任"进一步揭示了化学学习更高层次的价值追求。这既反映了自然科学各学科的共性要求，也体现了化学学科特有的育人价值，让化学教育对落实立德树人根本任务、发展素质教育做出独特贡献，有利于促进化学教学从偏重学科知识传授转向突出学科素养的培育。

四、化学学科核心素养在课程结构和内容中的落实

一是为学生提供了基础性、多样化和可选择的课程。必修课程不再划分模块，依据主题组织课程内容，提高课程实施的整体性；选择性必修课程采用模块结构，体现化学学习领域的特点以及与大学化学课程的关联性；选修课程采用系列模式，提高课程的兼容性和灵活性，有利于学校课程的自主开设和学生的自主选修。

二是基于化学学科特点及不同课程的功能定位，确定课程内容的组织结构。在必修课程阶段，突出化学基本观念（大概念）的统领作用，选取"化学科学与实验探究""常见的无机物及其应用""物质结构基础及化学反应规律""简单的有机化合物及其应用""化学与社会发展"5个主题。在选择性必修课程中，依据化学学科的基础性研究领域，设置"化学反应原理""物质结构与性质""有机化学基础"3个模块。在选修课程中，设置"实验化学"

"化学与社会""发展中的化学科学"3个系列，综合体现化学研究方法、化学的社会价值以及化学学科的发展。

三是基于素养培养目标优化课程内容，突出核心观念、实验基础和时代要求。进一步精选核心观念和重要概念，凸显学科核心观念和重要概念的能力素养发展价值。必修课程适当删减具体元素化合物的知识内容，适当增加对有机化学的认识；选择性必修课程精简统摄性弱、对学生技能要求高的内容，适当加强学生对化学研究思路与方法的体验；选修课程更加体现化学以实验为基础的特征，密切联系生产生活实际，充分展示多维、生动、发展的现代化学面貌。为了真正落实"科学探究与创新意识"核心素养的培养，在必修课程和选择性必修课程中分别明确规定了9个学生必做实验，共计18个学生必做实验，突出对学生实验探究能力的培养。

五、基于化学学科核心素养的教学与评价建议

化学课堂教学的价值取向大体上有两种类型，即"知识取向"和"素养取向"。前者是立足"学科"角度，将知识传授给学生；后者则从"育人"视角出发，将具有化学特质的科学观念、科学思维和科学实践作为发展"学科核心素养"的突破口。修订后的标准，倡导化学教学要凸显学生"化学学科核心素养"的发展。

建议教师深刻领会化学学科核心素养的内涵，科学制订化学学科教学目标；准确把握学业质量要求，合理选择和组织化学学科教学内容；充分认识化学实验的独特价值，精心设计实验探究活动；创设真实且富有价值的问题情境，促进学习方式转变。

树立"素养发展为本"的化学学习评价观，紧紧围绕化学学科核心素养的发展水平和化学学业质量要求来确定化学学习评价目标和评价标准，注重过程性评价和结果性评价的有机结合。

在试题命制方面，应坚持以核心素养为测试宗旨，以真实情境为测试载体，以实际问题为测试任务，以化学知识为解决问题的工具等命题原则。命题者应开展基于化学学科核心素养和学业质量的命题研究，努力提高命题质量。

六、新课标下学校的关注重点

在实施过程中，应充分理解化学课程在普通高中课程体系中的独特价值，全面发展学生化学学科核心素养，全面落实化学学业质量要求。第一，认真做好学期、学年乃至整个高中学段化学课程的实施规划。切实开齐、开足化学必修课程、选择性必修课程和选修课程，保证三类课程的教学时间。应注重加强对学生选课的指导和未来发展规划的教育，为学生未来升学、就业奠定基础。第二，加强化学实验室和化学学科专用教室建设，建立科学的实验室运行机制，根据选科需要配置足够的化学实验设备、仪器和药品，并应按照相关要求配齐实验员，建立实验室专人管理制度。第三，充分认识"教学资源的开发与利用"是地方、学校、教师课程能力建设的重要抓手，注重文本资源、信息技术资源、生成性资源、自然与生活环境资源、社会教育资源等方面的建设，鼓励学生走出去，在调查、参观中开拓自己的视野，树立社会责任意识。第四，应充分发挥化学教研组、备课组的作用，展现区域教研的优势，鼓励开展多种形式的教研活动；教师应主动参加有关的学习和培训活动，提升化学学科素养水平，强化课堂实施能力。

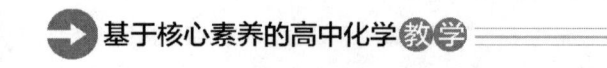

化学课堂融入传统文化的多维度研究

杨 希[①] 迟少辉[②] 王祖浩[③]

文化是民族的血脉,是人民的精神家园;而文化自信是其中更基本、更深层、更持久的力量。教育部先后颁布的《完善中华优秀传统文化教育指导纲要》和《中华优秀传统文化进中小学课程教材指南》均要求在学科教学中渗透传统文化教育,引导学生感悟中华优秀传统文化的精神内涵,增强学生的文化自信。《普通高中化学课程标准(2017年版2020年修订)》也明确提出化学课程内容应结合学生年龄特点和学科特征有机融入中华优秀传统文化。一方面,传统文化中蕴含着丰富的化学知识,为传统文化融入提供了可能;另一方面,传统文化在高中化学课堂的融入能加深学生对传统文化的认识以及对化学学科价值的认同感,激发学生的兴趣,提升学生的接受度。因此,教师首先要认清自身文化传播的责任,挖掘化学学科中的优秀传统文化内容,抓住课堂主渠道进行传统文化教育。

然而,课堂观察结果表明,教师在化学课堂中主动融入传统文化的意识并不强,选择的情境也较为单一,学生对化学学科相关的传统文化缺少知识储备和必要的认识。本研究拟对传统文化要素的概念进行界定,构建化学课堂融入传统文化的分析框架,以化学课堂实录为研究对象,采用观察、编码法,多维度了解化学课堂融入传统文化的情况,发现存在的问题,为化学教学提供有益启示与建议。

一、研究思路与方法

(一)传统文化要素的概念界定

在我国,传统文化是历史的存在;文化传统是指早已形成、至今尚存的

[①] 杨希,华东师范大学化学课程与教学论硕士研究生。
[②] 迟少辉,华东师范大学教师教育学院副教授,硕士生导师。
[③] 王祖浩,华东师范大学教师教育学院教授,博士生导师。

文化环境，是现实的存在。后者更指受特定文化影响，经过长期历史积淀，至今尚存且被大多数人所认同的思想和行为方式上的传统，常包含在传统文化中。传统文化涵盖政治、文化、经济、医药、军事等诸多方面，可以分为制度文化、器物文化、思维方式、审美情趣等。在化学教学研究中，常关注以下传统文化要素：（1）价值观、意识形态等传统思想；（2）婚丧嫁娶、节日庆典等传统习俗；（3）衣食住行、日常用品等传统生活；（4）诗词、书法、绘画等传统艺术；（5）遗物、遗迹等文化遗产；（6）金属冶炼、医药制作等技术工艺。

本研究中的传统文化要素指的是：公元1911年前，中华民族所创造的、具有价值的有形文化或无形文化，可以是曾经存在过的，也可以是经过传承、发展或创新而留存至今的，具体包括习俗观念、艺术文化、物质遗产以及传统技艺等要素。

（二）研究框架构建及设计

本研究在国内已有相关研究的基础上，融合借鉴教材研究的静态视角和课堂研究的动态视角，从文化类型、位置分布、呈现方式、活动形式、能力要求、情感价值六个维度，构建本研究的分析框架。

对文化类型的分析能够帮助我们了解传统文化融入过程中教师选择素材的类型及其具体内容的类型。文化类型分为习俗观念、艺术文化、物质遗产、传统技艺四类。

对位置分布的分析能够帮助我们了解传统文化要素出现的时间位置及其分布规律。位置分布分为课前导入、课中教学、课后总结三个部分。

对呈现方式的分析能够帮助我们了解传统文化融入过程中传统要素的展现方式以及教师使用的技术手段。呈现方式分为文字、实物、图片、视频和多种形式五类。其中，文字特指PPT、板书部分的书面呈现，不包括教师的语言表达以及图片中出现的文字。多种形式指教师在教学过程中通过文字、图片等多种形式共同呈现传统文化要素。

对活动形式的分析能够帮助我们了解传统文化融入过程中教师如何开展教学活动以及师生的互动情况。活动形式分为教师讲授、师生问答、学生合作三类。

对能力要求的分析能够帮助我们了解传统文化要素和学科知识间的关系以及学生解决问题所需的能力水平。能力要求分为认识、理解、分析、应用四个方面，如表1所示。

表1 传统文化融入的能力要求

能力	具体内涵
认识	融入传统文化要素的过程中，教学情境不蕴含化学知识，不需要学生进行任何思维加工，仅需对中国科学家、中国历史、历史文物等资料做简单了解
理解	融入传统文化要素的过程中，教学情境蕴含某些化学知识，但不涉及具体的学科问题，需要学生对其进行理解，掌握基本的知识概念
分析	融入传统文化要素的过程中，教学情境蕴含某些化学知识，涉及具体学科问题，需要学生运用所学知识，解答学科问题
应用	融入传统文化要素的过程中，教学情境蕴含复杂的化学知识体系，涉及具体学科问题或探究任务，需要学生结合所学知识通过高水平的思维活动，如问题假设、证据推理、综合分析等，多角度认知并解决实际问题

对情感价值的分析能够帮助我们了解在传统文化融入的过程中教师对内在价值的挖掘以及学生的情感体验情况。情感价值分为未挖掘内在价值、树立价值认同、培养责任意识三个方面，如表2所示。

表2 传统文化融入的情感价值

情感价值	具体内涵
未挖掘内在价值	融入传统文化要素的过程中，教师仅呈现素材事例，未做任何评述，未表达个人态度，需要学生自行体会材料中所蕴含的丰富情感
树立价值认同	融入传统文化要素的过程中，教师在呈现素材事例的同时，介绍要素背后所体现的文化底蕴和历史意义，强调化学学科的重要价值，能够让学生体会到中华传统文化的博大精深，了解到化学学科对历史发展的重要作用
培养责任意识	融入传统文化要素的过程中，教师在呈现素材事例、让学生感悟学科价值和文化底蕴的同时，激发学生的社会责任感和家国情怀，如鼓励学生"投身祖国未来发展""保护环境，节约资源"等

由于元素化学、有机化学主题涉及物质的存在和制备，与传统技艺、传统器物等传统文化要素息息相关，蕴含着丰富的人文信息，因此，本研究选取76个与元素化学、有机化学相关的教学实录视频作为研究对象，其涉及简单的有机合成、含硅矿物及其应用等多个主题，涵盖7个省、30个市，包括

26名男教师、50名女教师。分析单元以"处"为基本单位,若教学实录中出现一次与传统文化要素相关的事件片段,则记为1处。随后,根据所建构的分析框架,对该片段进行编码分析。本研究旨在回答以下3个问题:

(1)化学课堂中传统文化要素融入频率如何,以什么类型为主,分别出现在课堂的什么位置?

(2)化学课堂中传统文化要素是通过什么形式呈现的,以及通过什么教学活动融入的?

(3)化学课堂中在传统文化要素的融入过程中,考查了什么能力,体现了什么价值?

二、主要研究结果

(一)传统文化融入频率、文化类型与位置分布

1. 传统文化融入频率较低且缺乏创新性

76个教学实录中,仅20个涉及传统文化要素,约占26.3%,共提取54个教学片段,如图1所示。整体上,案例较少,要素缺乏创新性。

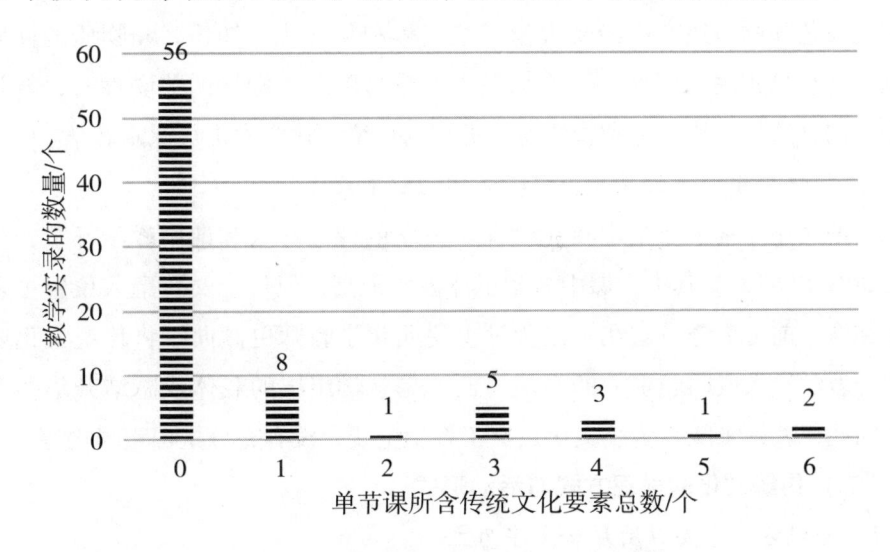

图1 各样本所含传统文化要素的数量

本研究所选视频的教学主题和传统文化息息相关,不乏传统文化资源素材,但传统文化融入的情况却不容乐观,主要体现为以下3个方面。(1)大

部分教师选择以直接叙述的方式呈现知识概念，如在讲解金属冶炼部分时，直接呈现金属开发利用的先后顺序并分析其与金属活动性顺序的关系，未和我国金属冶炼发展和各朝代文化遗产进行联系，错失了传统文化的融入时机；（2）有一部分教师选择非传统文化要素作为情境素材开展课堂教学，如在讲解有机合成部分时，选用青霉素及抗生素的发明、阿莫西林的合成路线等素材，仅有小部分教师选择青蒿素的前世今生、玉和醋的传统制法等传统文化要素；（3）选用的大部分传统文化要素缺乏创新，千篇一律，如讲解含硅矿物及其应用部分时，大多着眼于古代陶瓷的工艺介绍，在陶瓷图片的选择上也大致相同，仅有一位教师另辟蹊径，从传统玉文化的角度引入课堂教学并围绕玉的日常保养来开展硅酸盐产品性质的学习。

2. 传统文化类型多为物质遗产及传统技艺

在文化类型方面，传统技艺类传统文化要素占比最高，达55%，物质遗产次之，习俗观念和艺术文化则相对较少，占比均为2%。这与教材研究的结果基本一致。由于化学课程中大部分内容，特别是元素化学和有机化学，都是围绕物质的性质与制备展开的，与习俗观念、艺术文化等存在一定距离。而传统技艺和物质遗产中涉及大量工艺流程和化学化工知识，和物质的性质与制备都息息相关。因此，无论从融入的难易度还是知识的关联性看，教师都会倾向于选择传统技艺和物质遗产类型的传统文化要素进行课堂教学。

3. 传统文化融入位置多为课堂教学的前半段

传统文化要素主要集中在化学课堂教学的课前导入和课中教学环节，分别占30%和65%。其中，课中教学虽然占比最高，但传统文化融入位置主要集中在课堂前半部分。这在一定程度上说明化学教师更倾向于将传统文化要素作为教学导入或问题引入的情境，而不是教学组织的载体或总结升华的素材。因此，教师未能将传统文化贯穿于教学主线，没有充分挖掘素材内容。

（二）传统文化的呈现方式与活动形式

1. 呈现方式主要以图片和文字为主

化学课堂中的传统文化主要通过图片、文字的形式进行展示，分别占59%和17%，而多种形式约占18%且大部分以图文结合形式为主，未见实物展示形式。具体而言，物质遗产主要通过图片形式展示，先贤哲理或者古籍中记载的冶炼技术等主要通过文字形式展示，而传统技术工艺的详细介绍则依托于视频播放或图文描述。值得注意的是，在传统文化融入过程中，可能是出于对时长等因素的考虑，教师对视频的选择度不高。

2. 活动形式以教师讲解为主，学生参与度不高

在化学课堂中，传统文化元素的融入主要以教师讲授为主，占63%；师生问答次之，为32%；学生合作仅占5%。整个传统文化融入过程以教师为主导，学生参与度不高。在传统文化融入过程中，缺少交流讨论、合作探究的活动形式，不利于学生合作能力的提升和科学探究精神的培养。同时，学生被动参与，很难体会到传统文化与化学学科的内在联系，无法深入理解传统文化隐含的化学知识，难以切身感悟中华传统文化的价值。但也有小部分教师愿意尝试交流合作的形式，如在湿法炼铜教学过程中，就有教师组织学生开展小组合作，在交流讨论中设计测定湿法炼铜产物的检验方法并给出理由，随后开展实验探究。

（三）传统文化融入的能力要求和情感价值

1. 传统文化融入对学生能力要求不高，以认识为主

能力要求方面，在化学课堂融入传统文化过程中，学生主要以认识为主，占65%；分析和理解次之，均占13%；应用仅占9%。大部分传统文化要素的融入不涉及化学学科核心知识，不包含学科问题，或教师未对传统文化所蕴含的学科教学价值进行挖掘，学生只需要简单了解传统文化或简单理解其涉及的化学知识，这并不利于学生认知能力的提升和高阶思维的培养。能力要求和传统文化本身关系并不大，更多地受教师教学理念和教学方法的影响。例如，同样都是围绕古代炼丹开展教学，A教师直接介绍葛洪记载的炼丹方法，讲述其中涉及的化学知识，学生只需随着教师讲解进行浅层理解；B教师则分析炼丹步骤的一些关键信息，在提问过程中，引导学生利用已学知识（如高温加热氧化汞）以及实验现象推测炼丹所涉及的化学反应；C教师则在B教师的基础上，进一步从得失电子、化合价升降等方面深入解读炼丹的微观变化过程，使学生综合应用已学知识来理解反应的实质。

2. 传统文化融入过程中教师未深挖其内在价值，学生情感体验不足

在化学课堂融入传统文化过程中，48%的教师未对材料进行解读也并没

有深挖其内在价值，46%的教师能够挖掘其内在价值、树立价值认同，仅6%的教师在此基础上进一步培养学生的责任意识。大部分教师将传统文化作为课堂导入或问题建构的工具，只关注教学的推进和知识的讲解，对传统文化本身一带而过。还有部分教师以传统文化要素为具体事例阐述化学学科在其中扮演的角色，让学生体会化学的学科价值。上述过程都忽视了传统文化要素的独特性，将其与一般情境材料等同，忽视了其文化内涵所带给学生的精神力量。只有小部分教师在此基础上进行升华，让学生树立文化自信，提升责任意识。

三、问题与启示

通过有限的研究，我们至少可以感受到在当前化学课堂教学中，教师在自觉融入传统文化教育方面存在着以下问题。

一是课堂融入的传统文化素材重复度较高，缺乏创新性；文化类型多为传统技艺和物质遗产，和物质的性质与制备息息相关；主要出现在课前导入和课中教学环节，其中出现在课中教学部分的要素多集中在教学的前半段。

二是在化学课堂教学中，传统文化的呈现方式虽然多元化，但主要以图片形式为主，视频播放较少，实物展示可能受条件限制几乎未见；教学活动形式多为教师讲解，学生整体参与度不高，缺乏互动性。

三是在化学课堂教学中，传统文化融入与化学学科核心知识和具体的学科问题缺乏关联性，学生主要以认识为主，缺少分析与应用能力的培养；教师倾向于简单呈现传统文化要素，侧重知识教学，在价值观等思想引领上未见强调和凸显。

对此，为在化学教学中更好地落实传统文化教育，特提出以下建议。

1. 传统文化融入亟须教师积极参与和高质量素材的研究与开发

研究表明，虽有部分教师能积极地挖掘与主题教学相关的传统文化要素，并将其融入化学教学中，进行教学尝试和创新，但总体来说化学课堂教学中融入传统文化要素的力度不足，素材选择缺乏创新性、重复度较高。这在一定程度上反映了教师对传统文化融入教学的重视程度不高，主动性不强。中华文化延绵了几千年，蕴含着丰富的化学教学素材，目前已有不少研究者投身于传统文化融入化学课堂的教学实践，开发出大量优秀案例，如依托乡土情境资源、借助《国家宝藏》栏目、融入传统茶文化等，但更需广大教师积极参与相关教学案例的开发与实践。可通过建立化学课堂的传统文化素材库，开发相关平台等多种方式，为传统文化融入化学教学提供优秀案例。

2. 传统文化融入应强化能力培养和情感熏陶，避免"流于形式"

研究显示，课堂中的传统文化要素主要集中出现在课前导入和课堂的开始部分，未贯穿到教学主线中；同时，多是简单呈现或罗列素材，缺乏对其内在价值的进一步挖掘。这在一定程度上反映了教师们能做到的还仅是"加入"，并不是真正意义上的"融入"，未能充分发挥传统文化在能力和情感层面的教学功能，未能凸显学科育人的价值。

传统文化要素作为课堂教学内容的组成部分，需要跟学生所学知识建立联系，让学生明白学习传统文化的意义。在教学过程中，教师可以通过适当设置任务或问题，搭建"脚手架"，并给予一定线索提示，让学生综合利用所学知识解决传统文化情境中的实际问题，使学生系统全面地理解传统文化与化学知识间的内在联系，激发学生的高阶思维活动，提升学生的问题解决能力。同时，在进行物质制备、元素性质等与传统文化紧密关联的主题内容教学时，应积极主动地融入传统文化要素。不同于其他情境教学素材，传统文化有其独特的育人价值，能够激发学生的民族自豪感，帮助其树立文化自信。同时，要重视传统文化与化学学科的联系，使学生明白化学对文化传承、历史发展的重要意义。在此基础上，进一步激发学生的社会责任感，充分发挥学科的德育价值。

3. 传统文化融入需强化"目的"意识，关注学生感受

为改变课堂中传统文化"一带而过"和缺少学生参与等现象，教师应充分做好前期设计。一要明确本环节的核心知识是什么，可以和哪些传统文化要素进行融合。二要思考本环节所融入传统文化的教学功能是什么，需要渗透什么价值观念。同时还要从学生的角度出发，关注学生的整体体验，即学生能否感受到传统文化的独特魅力，认识到传统文化要素背后的化学原理，领悟到教师所希望传递的积极理念，等等。在此基础上，选择合适的活动形式，采用多元化的呈现方式，在对应教学环节中融入传统文化要素。教学过程中应尽可能地选择师生问答、小组讨论、实验探究等多元化方法，让学生参与进来，主动建构知识框架。同时，对传统文化内容要做简要介绍并适度分析其在中国历史乃至世界历史上的重要意义，挖掘其蕴含的深层价值，促进学生对传统文化的认同。

参考文献：

[1] 中共中央办公厅 国务院办公厅印发《关于实施中华优秀传统文化传承发展工程的意见》[EB/OL]．（2017-01-25）[2021-01-08]．http://www.gov.cn/gongbao/content/2017/content_5171322.htm.

[2] 蔡铁权．中国传统文化与传统数学、数学教育的演进[J]．全球教育展望，2013，42（8）：91-100.

[3] 李宗桂．优秀文化传统与民族凝聚力[J]．哲学研究，1992（3）：46-55.

[4] 李宗桂．试论中国优秀传统文化的内涵[J]．学术研究，2013（11）：35-39.

[5] 钟晓媛，郭震．中华优秀传统文化在中学化学教科书中的百年变迁研究[J]．课程·教材·教法，2019，39（12）：133-138.

[6] 王后雄，孙建明．新课程化学教科书中传统文化元素的比较研究[J]．化学教育，2014，35（1）：4-7.

创新素养在高中化学教学中的培育途径

陈新华[①]

创新是一个民族进步的灵魂和动力，培育学生的创新素养是当前教育的重要任务之一。在化学的学习和探究过程中，培养学生的科学素养和创新能力是高中化学教师的责任与义务。然而，要培育学生的创新素养，首先，应明晰创新素养的内涵框架是什么。

根据我国著名心理学学者林崇德教授提出的"创新素养至少涵盖创新能力与创新品格"以及教育部文件对核心素养的定义，可以把创新素养界定为：学生应具备的适应复杂社会和终身发展所需要的创新品格和创新能力。笔者认为，创新品格，是指与创新相关的人格品质，包括创新意识、创新精神、创新道德等。创新意识，是指创新的欲望，如强烈的好奇心，对自己的创新能力持有积极的信念等；创新精神，是指敢于挑战权威和打破常规尝试新事物、严谨的态度、顽强的意志等情感因素；创新道德，是指恰当的价值观，即有益于他人和社会的价值观。创新品格是进行创新的前提和保障；创新能力是一种综合能力，其核心成分是创新性思维，包括发散思维、批判性思维、聚合思维等思维能力。创新能力是进行创新的关键因素。基于这样的认识，笔者将创新素养的内涵框架梳理如下。

创新素养是逐步形成和发展的。美国当代心理学家考夫曼（Kaufman）和巴吉图（Beghetto）提出，创造性的表现是分不同层次的，也代表了四个不同的发展阶段，即"4c"理论。这种理论将创造性的层次从高到低分为大c（big-c，c在此处代表的是creativity，即创造性），职业c（pro-c），小c（little-c）和微c（mini-c）四个阶段。根据4c模型，在化学领域达到大c水平的人有拉瓦锡、门捷列夫、道尔顿等；职业c（pro-c），指从事化学某领域工作并取得一

[①] 陈新华，福建省漳州市普通教育教学研究室化学教研员，福建教育学院化学教育研究所特邀研究员。

定成就的人，如化学教授、专家；小 c（little-c），如师生进行化学科技创新、化学实验创新等；而对化学知识有创意的理解，如把阴离子电子式的书写比喻为女性出门要"化妆、穿衣、戴帽"就是属于微 c（mini-c）层次的创造性。创新素养的培育应关注个体创造性发展的过程性。小创新和微创新有很大的教育价值。没有小创新和微创新，就没有将来的大创新。根据创新素养的发展阶段，中学教师应注重学生在想象力、好奇心、挑战性等人格方面的发展，激发学生思维的灵活性、深刻性、发散性、批判性、独创性等，鼓励学生在微 c 和小 c 层次上创新。

一、化学教学中培育学生创新素养的途径

《国家中长期教育改革和发展规划纲要（2010—2020年）》明确指出：高中阶段是培养创新人才的重要时期，是学生个性形成、自主发展的关键时期；要探索发现和培养创新人才的途径。在高中化学教学中，根据创新素养的内涵框架，教师应该针对创新素养的各要素进行培育，以提升学生的创新素养。

（一）重视化学史教育，感受创新历程

化学史是培育学生创新素养非常有价值的情境素材。要培养学生的创造性，有必要让他们知道前人是如何进行发明创造的，然后引导他们进行模仿。化学史是人类认识自然和改造自然的历史，也是人类进行发明创造的历史，包含着十分宝贵而丰富的精神财富，也蕴含着认识世界的科学思想和科学方法。在化学教学过程中，要以经典的科学研究为主题，呈现真实的研究过程，培养学生的创新品格和创新思维。

如在平衡移动的学习中向学生介绍合成氨工艺的历史发展过程。勒夏特列第一个试图进行高压合成氨，但因为实验过程中发生爆炸而放弃。哈伯不畏困难进行一系列实验，探索合成氨的最佳条件。他不盲从权威，依靠实验证实当时的权威能斯特数据是错误的，成功设计出合成氨装置和工业流程，接着又花大力气探索合适的工艺条件。为了寻找稳定的催化剂，他在两年间进行了大量的试验，测试了超过 2500 种不同的配方，终于摸索出了合适的条件：600 ℃的高温，200 个大气压和以锇为催化剂。但在这种情况下，氨的产率只有约 8%，不够高。怎么办？他设想将反应气体在高压下循环加工，并从循环中把反应生

成的氨分离出来。哈伯的合成氨设想终于得以实现，他也因此获得了1918年诺贝尔化学奖。

在合成氨工艺的发展史中，哈伯锲而不舍的精神使学生受到了熏陶，得出合成氨工艺条件的思维过程也给学生带来了启发。教师要把握化学史的教育内涵，引导学生追踪化学发展的科学足迹，了解知识的动态演变过程；让学生感受各种科学方法，学习科学家不盲从、勇于批判质疑、为了追求真理而坚持不懈的意志品质；引导学生体会科学家通过科学的想象力、逻辑推理能力等创新思维探索研究的过程。在介绍化学史之后，可适当介绍化学知识的发展及相关的前沿科技动态，让学生感受到人类的认识是没有止境的，从而激发学生探索和创造的欲望。

（二）加强化学实验教学，激发创新潜能

化学实验是化学教学的重要组成部分，通过实验探究培养创新能力是培育学科核心素养的重要途径。化学实验教学过程中，学生通过观察、联想、分析、推理，给思维创设了广阔的空间，同时激发了探究意识，培养善于合作、敢于质疑、勇于创新的精神。

如在高三复习课中，可提供仪器药品让学生制作镁动力电池小车。仪器药品：碳片、镁条、导线、氯化钠溶液、塑料小车。学生设计的实验如图1、图2所示。通过设计实验，学生进一步巩固了原电池的构造原理，有效地培养了创新意识和创新能力。

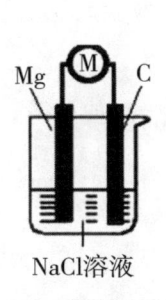

图1　镁电池原理　　　　图2　镁动力电池小车

为了增强化学实验培养学生创新能力的效果，教师还要对实验进行不断改进和优化，最大限度地发挥实验对培育创新素养的功能和作用。如将实验内容问题化、把验证性实验改为探究性实验、进行实验创新、将演示实验改为学生

实验等。布置课外实验，巩固和深化课内知识，培养迁移能力；开放实验室、举办化学科技讲座、举办化学游园活动，组织学生进行实验创新比赛、发明创造等，培养学生的发散性思维，激发学生的创新才能。但不是只要动手实验就能培育学生的创新素养，在实验过程中，要培养学生的科学态度，让学生思考质疑，重视实验的思维过程，促进综合、评价等高阶思维的培养，才能有效培育学生的创新素养。

（三）进行有效对话，培养创新思维

"对话教学"是相对于传统的"独白教学"而言的。有效对话以学生为主体，教师是"对话"的组织和引导者，它改变了教师单向传递的教学方式和学生被动接受的学习方式。教师通过有效对话引领学生深入思考、探究和表达，让学生主动发现、探索、创造；构建具有批判性和创造性的"深度对话"，能让学生在对话过程中体验、感悟，在质疑解疑过程中提升思维品质。

如在离子键的教学中，对话片段如下：

师：钠在氯气中燃烧产生大量白烟。从原子水平上分析，发生了什么变化？为什么会有这样的变化？

生：生成了 Na^+ 和 Cl^-，因为钠原子容易失去电子，氯原子容易得到电子。

师：NaCl 的沸点是 1413 ℃，熔点 801 ℃，说明在 NaCl 晶体中 Na^+ 和 Cl^- 间存在怎样的相互作用？如何形成的？

生：Na^+ 和 Cl^- 间存在静电吸引。

师：只有静电引力吗？阴离子和阳离子的核与核之间，核外电子之间呢？Na^+ 和 Cl^- 会无限靠近吗？最终达到一个什么状态？

生：还存在静电排斥。当 Na^+ 和 Cl^- 接近到一定的距离，静电吸引和静电排斥达到平衡时就形成稳定的 NaCl。

师：哪些元素的原子之间容易形成离子键？为什么？

生：……

师生积极有效的对话，激活了学生的思维，调动了学生的微观想象力，使学生能够深入认识离子键的微观形成过程，主动探索离子化合物形成的规律，自主建构知识体系。在对话过程中，要避免"虚假对话""浅层对话"。进行深层次对话，应注意三点：一是有效的问题设计是对话教学的关键，只有好的问

题，才能引出高质量的对话。注意设置能引发认知冲突的、具有探究性及开放性的问题，推动对话者整理自身的观点。二是在提问对话中增加等待时间。这等于增加学生思考的机会，有利于促进学生思维能力的发展。三是在对话中引导学生反思。通过反思，才能发现更深层次的问题，在交流、思考与碰撞中不断产生新的理解，尝试新的观点，从而催生创新。

（四）开发化学综合实践活动，体验创新活动

化学综合实践活动是指教师选择与化学学科知识紧密结合的有关社会实际和社会需要的内容，以研究性学习为主导的学习方式，以解释或者解决某些社会生产和生活问题为目的的学习活动。化学综合实践活动有利于培育学生的创新素养。首先，活动基于真实复杂的问题情境，能引发学生真正的思维活动。学生需要积极参与到活动中，通过查阅文献、走访调查、设计方案、实验探究、体验反思等一系列活动，发现和解决问题，提出新观点，创造性地解决问题，产生创造性的成果。其次，活动具有综合性。学生运用跨学科、跨领域的知识分析并解决问题，通过这些学科知识的交叉融合，建立自己的综合创新系统，最终有效地提升整体创造力。再次，活动基于实践。在活动中学生亲历实践性学习的过程，在实践情境中运用化学及其他学科知识，建构新知识，学习各种探究实践方法，通过交流合作，深化对化学知识价值的认识，这些都是进行创新的必备基础。

教师应积极开发生产生活中有探究价值的、学生感兴趣的主题，如地沟油的再利用、调查食品添加剂的成分、雾霾的成因及预防、外卖对环境的影响等。带领学生实地考察生产实际，如了解化肥的生产流程、参观污水处理厂等。化学综合实践活动对学生创新素养形成的影响，跟教师合理的活动选题、有效的活动组织、科学正面的活动评价关系重大。

二、学生创新素养培育中对教师的要求

教师应努力提升自身的教学能力，为学生营造创新素养培育的良好环境。

（一）深刻理解创新素养的重要性和内涵

教师应深刻认识到培育学生创新素养的重要性，深入理解创新素养的各要素以及发展阶段。在高中化学教学中，教师应该挖掘概念原理中蕴含的培育学

生创新素养的素材并用于教学，培养学生分析与解决问题的能力，培养学生的创新情感、意志品质和正确的价值观，并注意聚焦学生高阶思维能力的培养。

（二）灵活运用培育创新素养的各种途径

学生创新素养的培育不存在固定的教学模式，它本身就是一个开放的、创造的过程。教师应根据不同知识内容的特点因时制宜、因地制宜，灵活使用培育学生创新素养的方式方法。不管使用何种途径，注意以学生为中心，采用启发式、讨论式、合作式、探究式等教学方式，引导学生对化学知识进行深度理解并学会迁移运用，拓宽学生的思维领域，从而为创新打下坚实的基础。

（三）注意创新素养的进阶培育

创新素养的培育不是一个简单的、一蹴而就的过程，而是逐步实现的。如在《普通高中化学课程标准（2017年版）》中，"科学探究与创新意识"分为4级水平。学生实验能力的培养经历"设计完成简单实验→根据假设设计实验方案→提出探究的问题，独立完成实验→提出综合性的探究课题，提出多种探究方案"的进阶过程。教师在教学过程中要注意创新素养的进阶培育，扎扎实实教好基础知识，逐步激活学生的思维，渗透创新能力的培养，而不是希望学生一下子就能"创新"。创新素养是建立在知识经验基础上的继承与发展，是一个从量变到质变的跨越。

（四）实施提升创新素养的课堂学习评价

课堂教学过程中要实施有利于提升学生创新素养的课堂学习评价，为学生营造一个创造性环境，鼓励学生大胆假设、敢于提问，引发他们积极进取和自由探索，形成民主平等的教学氛围。教师应该尊重学生的思维见解，宽容失误，欣赏独特发现，做学生发展的促进者。在课堂教学中，及时捕捉学生创造活动的信息，给予学生及时的反馈，对学生的新颖观念和行为给予更多的鼓励支持，引导学生对创造过程进行总结、再认识，从中提炼创造技能。

（五）积极进行教学创新

教师需要不断学习和研究教育教学理论，更新自己的教育观念，努力构建适合自己教学环境的新颖的化学教学方法、模式与策略。如前面所提的实验创新，开展基于项目或基于真实问题情境的学习，将化学教学与信息技术融合、使用智慧课堂的软件（如互动课堂）进行教学等。在教学的各个环节都要体现对学生创新素养的培育，如在备课过程中，教学目标要充分体现培养学生创新素养的目标和途径；在布置作业时，也要体现培养学生创新素养的具体内容等。

参考文献：

[1] 师保国，高云峰，马玉赫. STEAM 教育对学生创新素养的影响及其实施策略［J］. 中国电化教育，2017（4）：75 – 79.

[2] 师保国，刘霞，余发碧. 核心素养视域下的创新素养内涵及其落实［J］. 课程·教材·教法，2017（2）：55 – 60.

[3] 中华人民共和国教育部. 普通高中化学课程标准（2017 年版）［M］. 北京：人民教育出版社，2018.

[4] 陈新华. 基于学科核心素养优化高中化学教师的教学认知［J］. 中小学教师培训，2017（6）：45 – 48.

[5] 孙聪. 用好化学课堂，培养学生创新才智［J］. 基础教育课程，2017（10）：74 – 76.

[6] 王磊. 基于培养学生高级思维和创新能力的化学探究教学发展趋势［J］. 化学教育，2014，35（7）：5 – 9.

[7] 陈翠兰. 探索创新人才培养的新路径［J］. 基础教育课程，2018（10）：21 – 23.

将生涯教育理念融入化学课堂

孟凡荣[①]　张建民[②]　李子春[③]

生涯教育是普通高中课程改革和新高考改革对学校提出的新要求。生涯教育不仅仅是为了学生的选科、选考和职业规划，更重要的是希望学生通过向内看、向外探，学会思考未来，成为一个积极主动的学习者和敢于承担责任的社会公民。

我国生涯教育起步较晚，很多学校缺少专业的生涯教育教师，没有专门的生涯教育课时，生涯教育的实施受到了很大限制。高中阶段课时紧张，学生学业压力大，一般学校最多每周开设一次生涯教育课，仅依靠生涯教育教师的力量很难推动生涯教育在学校真正落地。因此，需要全体教师共同努力，将生涯教育以不同的形式融入学生学习生活的各个方面，形成育人合力。教师将生涯教育理念、职业观、职业素质等知识内容有计划、有步骤地渗入课堂之中，不仅可以增强学生的职业专业性，也促进了被融合科目的健康发展。本文以高中化学学科为例，介绍在学科教学中开展生涯教育的一些思考与探索。

一、化学学科教学中开展生涯教育的意义

化学学科作为一门自然科学，承载着为国家培养科技创新人才的责任，所以培养学生的科学素养、帮助学生建立科学与社会的联结，都是化学教育工作者的重要职责。《普通高中化学课程标准（2017年版2020年修订）》（以下简称"课程标准"）中必修课程"主题5：化学与社会发展"的"学业要求"也明确提出要使学生"能举例说明与化学有关的职业，简单分析这些职业与化学科学的关系"；在新的化学教材中也新增了"化学与职业"专栏，介绍了化学科研工作者、水质检验员、测试工程师、科技考古人员等职业，将学生所学与社会所

[①]　孟凡荣，河北省唐山市第二中学，中学一级教师。
[②]　张建民，河北省唐山市第二中学，教研处主任，中学特级教师。
[③]　李子春，河北省唐山市第二中学，中学高级教师。

需建立联结，不仅提高了学生学习化学知识的兴趣，也让学生了解到了化学知识给生产发展、人类进步带来的社会价值。因此，在化学学科中融入生涯教育既是时代的要求，同时也具有深远的意义。

二、生涯教育融入化学课堂的方式

将生涯教育融入学科教学，是指教师有意识地将生涯教育理念运用到教育教学过程中，在传授学生学科知识与技能的同时，注重发展学生的自我认知能力、自主选择能力，引导学生形成初步的职业意识和职业理想，建立正确的职业价值观，从而达到生涯教育与学科教学的完美融合。

新课程改革下的化学教学以发展学生化学学科核心素养为主旨，设置多层次、多样化、可选择的化学课程以满足学生未来多元发展的需求，重视学生的终身学习和发展，从化学的角度精选了能长期发挥作用、影响学生终身发展的必备品格和关键能力。这些必备品格与关键能力也是学生未来职业发展过程中的核心素质和能力。教师在进行学科教学时，有责任帮助学生分析其自身优势，发展其能力素养，并引导学生找到未来的职业方向。因此，将生涯教育的教学目标有计划、有步骤地融入化学教学设计，体现在化学课堂活动中，需要我们探索新的课堂教学模式。

（一）通过学科起始课提高学生对化学学科的生涯认知

每个学科的学科起始课，都有着展示学科全貌、体现学科价值、激发学生学习兴趣等重要作用。化学学科的起始课、绪论课、学科总结课等往往因为课时紧张，被很多教师忽视，而这些内容正是落实化学学科核心素养中"科学探究与创新意识""科学态度与社会责任"的重点，教师必须高度重视并认真准备学科起始课。如，可以为学生介绍学科研究内容、学科对人类发展的贡献、生活中的学科知识、学科前沿研究现状、学科未来展望等，让学生了解化学不仅与经济发展、社会文明的关系密切，也是材料科学、生命科学、环境科学、能源科学和信息科学等现代科学的重要基础。化学在促进人类文明可持续发展中发挥着日益重要的作用，是揭示元素到生命奥秘的核心力量。学生可以通过学科起始课建立化学的发展观、认识化学的两面性，并初步学习用辩证的观念看待化学问题，通过具体案例，如"哈伯的故事"等，认识到"天使与魔鬼只有一念之差",进而树立正确的职业观。

(二)开展"学科—专业—职业"指导课,引导学生进行深度生涯探索

新高考改革后,有一些学生对于选科还很茫然,没有理论依据,也没有对自我和外部世界的足够分析,往往只能盲目跟选。通过调查发现,学生普遍渴望了解更多更深入的与学科相关的专业、职业信息和行业发展现状。针对这种情况,学校可以开展"学科—专业—职业"指导课,为学生展示各学科的专业精神。比如,对于化学学科,教师可以尝试从以下几个方面引导学生进行专业、职业探索:(1)了解化学相关专业;(2)了解大学化学专业主要开设的课程;(3)了解与化学相关的职业、行业;(4)了解报考该专业所需要的素质能力;(5)了解化学史上的杰出科学家;(6)访谈化学工作者;等等。类似这样的指导课有利于学生理解学科中的专业、职业信息和行业发展现状,促进学生生涯规划能力的发展。

比如,教师带领学生了解大学化学专业主要开设的课程,让学生看到了大学的课程设置,从未来职业发展的角度思考选科组合,减少了未来志愿填报的盲目性。又比如,通过访谈化学工作者,可以为学生揭开职业的神秘面纱,让其了解职业世界的真实面貌。某网站上的青年化学家专访栏目曾经对美国普渡大学代明骥教授做过一期访谈,这样的生涯访谈让学生看到了他人做生涯决策时的思考维度,引发了学生对自我生涯选择的思考;代教授也指出了他的课题科研组学生需要具备的素质能力,引导学生树立正确的价值观和发展方向。通过这样一系列的探索活动,学生可以了解相关职业所需要的学科知识、职业素质、工作环境、工作态度、工作时间、工作价值、工作待遇等,对思考自己的未来发展方向很有启发。

指导课的呈现形式也可以多种多样,教学方式上可以整合利用多种资源,如:(1)学生课前搜集资料,然后以小组汇报的形式展示成果,既培养信息检索能力、小组合作能力,又在检索过程中获取了自己想了解的专业、职业信息;(2)充分利用社会资源,邀请当地相关专业的人士(也可以是从事相关行业的家长)来学校做报告;(3)充分利用校友资源建立"优秀学长(学姐)帮帮团",邀请学校优秀毕业生来母校介绍专业、职业信息;(4)充分利用网络资源,了解网络上可以搜集到的专业、职业介绍;等等。

（三）把握日常课堂，进行生涯教育渗透

生涯教育的实施应该具有系统性、连续性，这样才能对学生的职业认知、生命发展起到教育引导作用。教师如果能做到将生涯教育各方面的内容渗透到每节课的教学活动中，就可以让学生每天都能感受到生涯教育的美好。教师可以将教材内的生涯渗透点做系统的归类总结，将其渗透到日常的教学活动中，体现在教学设计中。以人教版化学必修第一册、第二册内容为例（表1、表2），可按照知识逻辑顺序梳理以下内容：（1）教材中涉及的职业、专业内容及章节；（2）教材中涉及的自我认知内容及章节；（3）教材中涉及的生涯管理内容及章节；等等。

表1 人教版高中化学必修第一册各专题需要渗透的职业、行业、代表企业

章节	知识模块	相关职业	相关行业	代表企业
第一章 物质及其变化	物质的分类及转化、离子反应、氧化还原反应	纳米材料研发工程师、学校实验员、企业化验员	原材料加工、电子技术半导体、家居室内设计、学术科研等	高校研究所、康宁公司、安泰科技、北京态金科技
第二章 海水中的重要元素——钠和氯	钠及其化合物、氯及其化合物、物质的量	海水淡化工程师、水质检验员、农药残留检验员、环境监测员、法医	污水处理、玻璃加工、化工行业等	水务局、北京自来水集团、大运河再生水有限公司
第三章 铁 金属材料	铁及其化合物、金属材料	测试工程师、材料工程师	金属材料研究、建筑家居建材	中钢集团、中建材国际装备有限公司
第四章 物质结构 元素周期律	原子结构与元素周期表、元素周期律、化学键	科技考古研究人员、材料工程师、产品工程师、注塑工程师等	原材料和加工、汽车零配件、医疗设备、电子芯片等	故宫研究院、钢铁制造企业、电子设备制造企业、汽车制造企业、生物技术公司等

表2　人教版高中化学必修第二册各专题需要渗透的职业、行业、代表企业

章节	知识模块	相关职业	相关行业	代表企业
第五章 化工生产中的重要非金属元素	硫及其化合物、氮及其化合物、无机非金属材料	化工工程师、植物护理专家	石油炼制、化肥生产、医药开发、建筑建材、半导体集成电路等	中石油、中建东方装饰、中铁集团
第六章 化学反应与能量	化学反应与能量变化、化学反应的速率与限度	电池工艺工程师、电镀工程师等	石油、新能源、光伏发电、核电站等	中石化、中石油、美孚埃克森等
第七章 有机化合物	认识有机化合物、乙烯与有机高分子材料、乙醇与乙酸、基本营养物质	药剂师、药理学家、药物管理员、营养师、生物化学家	医疗行业、食品行业等	生物医药公司、海关、卫生防疫站、食品药品监督管理局等
第八章 化学与可持续发展	自然资源的开发利用、化学品的合理使用、环境保护与绿色化学	化学科研工作者、环境保护工程师	规划建造污水处理、城市资源再生系统、规划居民区排水系统	环保局、中原环保股份有限公司等

例如，"酸碱中和滴定"是一节实验教学课，本节课第一个教学环节是进行实验设计和动手操作。教师以环保问题引入教学：鱼类生存的水体标准是什么？测定南湖（唐山的生态水系）水域的酸度，判断其是否适合鱼类生存。学生通过体验实验操作的过程和方法，了解这一知识的实践应用；通过分组进行不同难度的实验，在真实的情境中体验合作的重要性，对真实的数据进行分析、归纳，并在此基础上进行客观的自我评价。

本节课的第二个教学环节是进行职业、专业介绍。舒伯通过对职业生涯的不同时期进行研究，发现15～17岁的青少年属于生涯探索期，青少年根据自己的兴趣爱好、特长、能力以及社会需求全面考虑自己的学业和职业未来，并做出暂时的决定。高中阶段的学生正是处于这样的职业探索期，所以教师设计了一个生涯渗透教学环节"走近环保检测员、水质分析员、食品药品检查员"，带学生认识与化学相关，尤其是与本节课所学知识相关的职业。在这一过程中，学生可以认识到职业选择是需要一定的专业基础知识的。这种生涯教育理念与日常教学的融合不仅激发了学生学习化学的内动力，也提升了学生对职业生涯

的感性认识。化学课堂中有目的地渗透职业认知、自我管理意识、生命安全意识、平衡思想等，既落实了新高考改革的要求，也有助于学生产生学习动机和提高学习效率。

此外，教师还可以根据学生个体情况，利用生涯规划工具助其进行学业规划。如用生命平衡论来进行查漏补缺、阶段性总结、问题梳理等，用成就事件分析法帮助学生提高自我效能感，用时间四象限法帮助学生进行时间管理，用SMART原则帮助学生梳理切实可行的目标，等等。

（四）挖掘学科历史人物、历史故事，引导学生树立正确的生涯价值观

在化学教学过程中，教师可以充分挖掘化学科学史料，通过介绍学科历史人物、历史事件，让学生感受科学家在科研之路上的坚定信念、不懈努力的职业精神和科学家对人类社会做出的重大贡献，引导学生形成社会责任感，激励学生努力提高自身素质、树立远大理想、拥有家国情怀，将学生的个性化发展和社会性发展关联起来。

例如，人教版化学必修第一册"物质结构 元素周期律"一课中，教材在"科学史话"专栏介绍了原子结构模型的演变历史和元素周期表的发展历史，从德国化学家德贝赖纳（J. W. Döbereiner, 1780—1849）的"三元素组"到德国化学家迈尔（J. L. Meyer, 1830—1895）的《现代化学理论》，再到俄国化学家门捷列夫的第一张元素周期表。迈尔曾遗憾地坦言："我没有足够的勇气去作出像门捷列夫那样深信不疑的预言。"而门捷列夫大胆地为尚未被发现的元素留出了位置，并且在其论文中指出：按着原子质量由小到大的顺序排列各种元素，在原子量跳跃过大的地方会有新元素被发现，因此周期律可以预言尚未被发现的元素及其性质。

在整个教学设计中，学生以元素周期律发展的历史故事为线索，了解了科学研究的过程，建立了思维模型，很容易就理解了元素周期表的编排原则。一节精心设计的元素周期律教学课可以将学科核心素养的培育、科学探究思维的建立以及生涯教育的理念有机融合起来，通过迈尔和门捷列夫的故事，学生也生成了自己的生涯智慧。通过对此类学习内容的教学，教师可以引导学生在日后的学习生活中，能主动地沿着科学家探索新物质、新规律的道路去学习科学的研究方法，感受科学家献身科学的职业精神、职业素质及敢于质疑的严谨的科学态度。每个科学家都是一个生涯故事案例，只要教师用心挖掘、精心设计，学科历史人物背后的故事都会对学生带来成长的启示。

（五）利用综合实践活动，发展学生生涯适应力

萨维卡（Mark L. Savickas）认为，生涯适应力包括四个维度的能力：生涯关注、生涯自主、生涯好奇和生涯自信。上海师范大学范为桥老师在这四个维度的基础上又加入了"生涯合作"的维度。综合实践活动一般以项目式学习的形式开展，有助于发展学生的生涯适应力。

以我校学生参加的研究性学习"野鸭湖湿地生态课程"为例。教师带学生了解野鸭湖湿地地质环境的形成过程、水体理化指标的测定、湿地的各种生物种类，探索了湿地的未来以及我们如何才能保护湿地并使其为人类服务等内容。在研究性学习过程中，学生根据自己的兴趣先选择自己擅长或喜欢的研究项目并结成小组，小组成员通过观察提出问题，并整理出要研究的具体课题、研究方法、考察用具、实验药品等，然后开始实验、记录数据、归纳总结。以水体理化指标测定为例，首先，学生们经过讨论提出问题：水质检测标准都有哪些？如何进行检测？其次，确定研究方向：测定水体 pH 值、色度、浊度、化学需氧量（COD）、水体总氮、总磷含量（水体富营养化）。最后，共同设计实验报告、准备实验器材，开始实验测量、得出实验数据，通过数据分析湿地水体适合的生态物种。

上述综合实践活动打破了学科壁垒，学生在项目式学习的过程中不仅运用到了化学学科知识，还利用到了其他学科的知识、学习策略，感受到了知识在社会实践中的应用价值，体验到所学与所用的关联性，学生的学科知识在应用中得到巩固。学生基于自身的兴趣爱好选择课题研究，有利于认知觉察自己的内在世界，为未来的职业选择做准备。在项目式学习的方式下，学生很快就形成了一个生态组织，包括小组领导者、数据整理人员、海报绘图员、海报布局人员、汇报展示人员等，整个过程中学生井然有序地实施各项实践活动，组织、沟通、协调、合作、分享、尊重等能力的培养尽在其中，为未来职业素养的培养打下了基础。在课题研究的过程中，学生发现问题、解决问题的能力得到了提升，生涯适应力也得到了发展。

总之，将生涯教育与学科教学、综合实践活动以及校内外相关活动相融合

是目前各个国家推进生涯教育的主要形式。这种教育形式在我国才刚刚起步，还需要不断探索，找出适合中国本土的教学方式。生涯教育只有有了载体和情境，才能让学生在学习中潜移默化地认识自我、认识职业发展与社会需求，从而能积极主动地选择人生道路。

参考文献：

［1］中华人民共和国教育部. 普通高中化学课程标准（2017年版2020年修订）［M］. 北京：人民教育出版社，2020.

［2］菲利普，等. 科学发现者. 化学概念与应用 上［M］. 王祖浩，译. 杭州：浙江教育出版社，2008.

［3］陈中兰. 舒伯生涯发展理论视角下中职学生职业生涯规划现状及对策研究［D］. 天津：天津职业技术师范大学，2020.

［4］聂安梅. 在高中化学中渗透生涯教育的调查和策略研究［D］. 新乡：河南师范大学，2018.

［5］金树人. 生涯咨询与辅导［M］. 北京：高等教育出版社，2007.

［6］江子磬. 生涯规划教育离不开学科阵地——以高中历史学科为例［J］. 基础教育课程，2019（13）：52－56.

第二章

核心素养背景下的化学教学策略

第一节　目标与内容设定

学习目标是基于课程标准的学习的第一步

梁淑惠[①]

一、学习目标的重要性

课程标准是国家课程的基本纲领性文件，是国家对基础教育课程的基本规范和质量要求，也是课堂教学的依据。基于课程标准的教学过程是一个整体的系统，包括基于标准确定学习目标、设计并实施学习活动、评估学习效果，其中确定以课程标准为基础的、明确可操作的学习目标是整个系统的第一步。

明确了学习目标，接着就是基于学习目标设计并实施学习活动，之后是基于学习目标的学习效果评估。图1是基于课程标准的学习设计的简单流程示意图，可以看出，评估量表、脚手架、工具箱等学习资源，学生活动的设计、学习目标的评估等都是基于学习目标的。因此，学习目标的确定是基于课程标准

---

① 梁淑惠，北京市十一学校化学教师，中学高级教师。

的教学过程中最关键的一步。

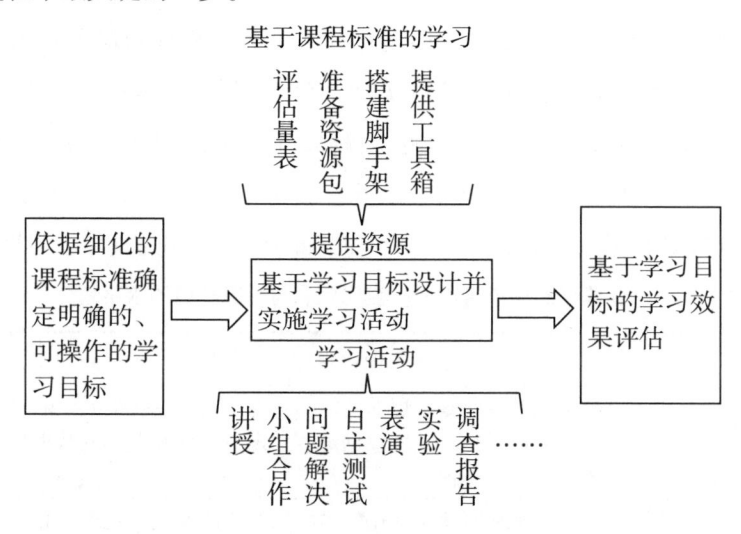

图1 基于课程标准的学习设计的简单流程示意图

对于学生来说，好的学习目标可以促进有意义的学习发生，让学生进入"愿意学""能够学"的积极状态，帮助学生展开自我评估，让学生可以选择有效的学习策略、进行有效的提问，并产生比较好的自我认知，有意识地连接已有的知识，实现自我监管。对于教师来说，好的学习目标可以使教学更有效地实施，为教师在教学规划与实施、有效提问、学生理解能力培养、学习进程推进、脚手架的提供、学生进步的检测、个性化的课堂指令等环节提供更加务实、高效、有指向性的引导。

二、基于课程标准确定学习目标

以化学学科为例，《普通高中化学课程标准（2017年版2020年修订）》（以下简称"化学课程标准"）中阐释的化学学科核心素养包括宏观辨识与微观探析、变化观念与平衡思想、证据推理与模型认知、科学探究与创新意识、科学态度与社会责任，并对核心素养的水平进行了划分，每个素养都划分为了4级。学科核心素养是学生通过学科学习逐步形成的正确价值观、必备品格和关键能力，涵盖了学生从自我发展到社会参与所需的文化基础与品格、能力要求。

以化学学科核心素养2——变化观念与平衡思想的4级水平要求为例。由表1可见，学科核心素养是有层次、多维度、可操作的。变化观念与平衡思想的水平 1 主要要求学生认识、归纳、概括，针对的是知识、技能；水平 2 主要要求学生能理解、分析；水平 3 要求学生能用相关观念分析解决问题；水平 4 要求学生能解释、预测，能应用所学解决实际生活生产中的问题。从水平 1 到水平 4，由要求学生学会知识、技能到理解、解释，再到最后能够自主有效地加以应用，即由知识、技能到理解、迁移。因此，在每一单元、每一节课确定学习目标时，教师应对照课程标准的要求，确定明确的、可操作的具体学习目标。

表 1　化学学科核心素养——变化观念与平衡思想的水平划分

素养水平	素养 2 变化观念与平衡思想
水平 1	能认识到物质运动和变化是永恒的，能归纳物质及其变化的共性和特征，能认识化学变化伴随着能量变化；能根据观察的现象和实验获得的数据概括化学变化发生的条件、特征与规律
水平 2	能从原子、分子水平分析化学变化的内因和变化的本质，能理解化学反应中量变和质变的关系；能从质量守恒、动态平衡的观点看待和分析化学变化；能运用化学计量单位定量分析化学变化及其伴随发生的能量转化
水平 3	形成化学变化是有条件的观念，认识反应条件对化学反应速率和化学平衡的影响，能运用化学反应原理分析影响化学变化的因素，初步学会运用变量控制的方法研究化学反应
水平 4	能从不同视角认识化学变化的多样性，能运用对立统一思想和定性定量结合的方式揭示化学变化的本质特征；能对具体物质的性质和化学变化做出解释或预测，能运用化学变化的规律分析说明生产、生活实际中的化学变化

三、在教学中转化学习目标

（一）区分教学目标和学习目标

在实践过程中笔者发现，教师关于学习目标的理解出现了两极分化的情况。一部分教师认为，每一次备课都写教学目标，确定学习目标很容易；另一部分教师经过深入研究，发现将课程标准转化为学习目标非常难。

基于课程标准的学习强调课程实施的过程是师生共同的学习过程，强调要从教师的教转向学生的学，学生是学习的主体。教师应区分教学目标和学习目标。教学目标是教师根据课程标准、教材和学生学习的实际，对学生学习目标进行的"主观规定"。学生是否把教师的"主观规定"作为自己的"学习追求"，直接影响到教学目标是否能有效达成。即教师需要促使教学目标转化成为学生能理解并愿意去实现的学习目标。从学生自主学习的角度，教师可指导学生，在教学过程中有意识地将教学目标加以转化，使之成为学生自己"内发"的学习目标。因为学业成功的关键最终还在学生自身，其实是学生自己在真正决定要不要学、重点学习哪些知识以及投入多少时间与精力等。

（二）师生有共同明确的学习目标

一个好的学习目标，需要跟教学目标区分开，要从教师的心里、从备课本上，走到学生面前。在课堂教学中，学生需要非常清楚这节课或本单元的学习目标；特别需要强调的是，学习目标不仅要有单元目标，还必须有每堂课的目标，学习目标如果不分解到每一堂课，对学生来说是没法落实的。

当教师仅仅把教学目标写在备课本上、装在自己心里，学生没法看到的时候，就会像图2那样，教师特别清楚中间那个靶心，但学生却只能始终围绕着教师转。当师生共同明确学习目标时，才会出现图3的景象，教师和学生同时把注意力朝向了靶心，射向学习目标，即使教师在实际教学中偶尔出现一点空白，学生自己也非常清楚自己的目标和任务。因此，在围绕着基于课程标准的学习过程中，最关键的一步就是师生具有共同、明确、可操作的学习目标。

图2 教师有教学目标，学生不明确学习目标　　图3 师生有共同的学习目标

就如，在北京市十一学校，每一间教室都布置得五彩缤纷，几乎都不一样，但有一样东西是每间教室都有的，即在白板或者黑板的显要位置，清楚地写着每一天、每一单元的学习目标。

（三）将课程标准要求转化为学习目标

在基于课程标准确定学习目标时，一要将学科核心素养的落实隐含其中，每个学习单元都可以由几个核心问题贯穿，给予学生提升理解能力的空间，同时要能够对学习结果做出预估。二要依据学生的实际情况，合理进行学习目标分级,通过学习任务展开评估,达到"目标—任务—评估"的一致性。为了在学习目标的实现过程中保证与课程标准相吻合,学校和教师可以设计一个课程标准检查表,以一个学期的学习内容为单位,将课程标准中每一项素养的要求用表格进行梳理,进而通过对照,确保学习目标不脱离课程标准的基本要求。

下面以有机化学第二章"烃类"的教学为例,来说明如何将化学课程标准中与单元学习有关的内容和要求转化为学生的学习目标。化学课程标准中对这部分学习内容的要求为:认识烷烃、烯烃、炔烃和芳香烃的组成和结构特点,比较这些有机化合物的组成、结构和性质的差异,了解烃类在日常生活、有机合成和化工生产中的重要作用。对这部分学习内容的学业要求为:(1)能写出烃的官能团、简单代表物的结构简式和名称;能够列举各类有机化合物的典型代表物的主要物理性质;(2)能描述和分析各类有机化合物的典型代表物的重要反应,能书写相应的反应式;(3)能基于官能团、化学键的特点与反应规律分析和推断含有典型官能团的有机化合物的化学性质,根据有关信息书写相应的反应式。

在带领学生学习的时候,结合具体的有机化合物,笔者将这些比较和概括的内容和要求细化为每一节的学习目标。例如,"确定'烃类'中'不饱和烃'包括烯烃、炔烃"这一课的学习目标如下。

【学习目标】

(1)知道乙烯中碳原子的杂化类型和成键类型,能写出乙烯的结构式、结构简式和电子式;了解乙烯的存在、物理性质和用途。

(2)掌握制取乙烯及表现乙烯化学性质的实验,能写出实验室制取乙烯的化学方程式,能写出表现乙烯性质的化学方程式;能区别取代反应、消去反应、加成反应和加聚反应,能判断反应类型。

(3)能判断烯烃中碳原子的杂化类型,能写出烯烃的通式,能判断烯烃的顺反异构;能根据命名规则给某一烯烃正确命名。

(4)知道乙炔中碳原子的杂化类型和成键类型,能写出乙炔的分子式、结构式和电子式;了解乙炔的物理性质和用途。

(5)掌握制取乙炔及表现乙炔化学性质的实验,能写出制取乙炔的化学方程式,能写出表现乙炔性质的化学方程式。

（6）了解共轭二烯烃的化学性质，了解橡胶的结构及橡胶的硫化。在此基础上，笔者还设计了"学习细目"，即在学习目标的基础上，将学习内容和要求再进一步细化，并配套有关练习，使其成为学生大单元学习的脚手架之一。例如，"烃类"中"不饱和烃"部分的学习细目为如表2所示。

表2 高中化学"烃类"中"不饱和烃"部分学习细目

Ⅰ级细目	Ⅱ级细目	学习建议
2.3.1 知道乙烯中碳原子的杂化类型和成键类型，能写出乙烯的结构式、结构简式和电子式；知道乙烯的存在、物理性质和用途	（1）知道乙烯分子中碳原子的杂化类型为 sp^2 杂化，知道乙烯分子所有原子共平面，碳碳双键中一个是 σ 键，一个是 π 键 （2）能写出乙烯的结构式、结构简式和电子式 （3）知道乙烯的物理性质 （4）知道乙烯是一种植物生长调节剂，是一种重要的有机化工基本原料	（1）巩固对双键平面结构的认识，从结构的不同去理解 σ 键、π 键的差异 （2）根据乙烯分子结构理解乙烯的物理性质
2.3.2 掌握制取乙烯及表现乙烯化学性质的实验，能写出实验室制取乙烯的化学方程式，能写出表现乙烯性质的化学方程式；能区别取代反应、消去反应、加成反应和加聚反应，能判断反应类型	（1）掌握实验室制取乙烯的原理，能写出实验室制取乙烯的化学方程式 （2）知道实验室制取乙烯时浓硫酸的作用，知道可能有哪些副产物，知道如何除去乙烯中存在的杂质，知道实验装置中各仪器和试剂的作用 （3）根据乙烯分子的结构，知道乙烯能发生哪些化学反应，能描述乙烯与溴水（或 Br_2/CCl_4）、酸性高锰酸钾溶液反应的现象，能正确书写表现乙烯化学性质的化学方程式 （4）掌握消去反应、加成反应、氧化反应和加聚反应的概念和特点 （5）能区别取代反应、消去反应、加成反应、氧化反应和加聚反应，能判断某一有机反应的反应类型	（1）根据乙烯的分子结构理解乙烯的化学性质 （2）加强化学方程式书写练习，做到熟练 （3）通过对比掌握不同反应类型的概念和特点

在将化学课程标准中与单元学习有关的内容和要求转化为学生的学习目标时，教师需要注意以下几点。

1. 区分目标与活动

有时候教师会误把学生活动当成教学目标甚至是学习目标。比如，学习有机化学"简单的有机物及其应用"时，"会搭建甲烷、乙烷、乙烯、乙炔、苯的立体模型",就是一个教学活动,若要转化成学习目标,应该表述为:"通过模型拼插甲烷、乙烷、乙烯、乙炔、苯,理解有机化合物中碳原子的成键特点、价键类型和空间构型。"

2. 学习目标要适切

依据学生的实际情况和不同的学习组织形式,合理地进行学习目标分级,以适合班级中的每一位学生。例如,北京市十一学校采用小班授课学习,每个教学班最多24人,采用的是大单元五环节的学习模式(图4),即学生先自学自研与提问,接着前测,基于前测中暴露出来的问题和学生提出的问题,进行课堂讨论。教师基于每个学生提出的问题和测试中暴露的问题,进行个别化指导,有针对性地帮助学生突破难点,实现学习目标。针对基础特别薄弱的学生,为其单独订制学习目标和学习任务单,帮助学生落实最基本的知识、技能,培育化学学科核心素养。

自学自研与提问 → 自学诊断 → 问题讨论与探究 → 知识应用 → 单元诊断与反思

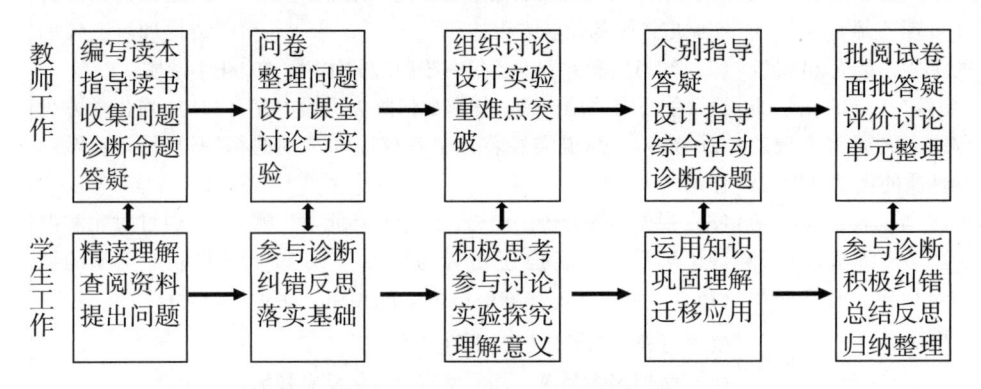

教师工作	编写读本 指导读书 收集问题 诊断命题 答疑	问卷 整理问题 设计课堂 讨论与实验	组织讨论 设计实验 重难点突破	个别指导 答疑 设计指导 综合活动 诊断命题	批阅试卷 面批答疑 评价讨论 单元整理
学生工作	精读理解 查阅资料 提出问题	参与诊断 纠错反思 落实基础	积极思考 参与讨论 实验探究 理解意义	运用知识 巩固理解 迁移应用	参与诊断 积极纠错 总结反思 归纳整理

图4 大单元五环节的化学学习流程示意图

3. 把学习目标分解到每堂课

传统的教学目标,以单元为单位,教师对自己的教学目标非常清楚,但是并没有将其分解到每一堂课。站在学生的角度,学习目标必须分解到每堂课,而且师生都需要弄清每一堂课的学习目标与单元学习目标的关系。只有分解到每一堂课的学习目标,才是可操作的。

4. 让学习目标可评估

教学评估也要与学习目标相一致。评估旨在促进学生的学习,本质上也是一种学生的学习活动。传统的评估方式包括及时的检测、完成任务等。设计检测时,我们要秉持"学什么考什么"的原则,要加强实验技能、科学实践过程中的方法运用、解决实际问题等方面的评价,创造条件让学生进行实际的实验操作、探究,并对其技能和能力表现水平进行评价,以实现对科学探究、创新意识、科学态度、社会责任等核心素养的评估。

通过设计任务和量规,实现对学习目标的评估。根据化学课程标准内容和要求,结合学生特点,设计核心任务,围绕核心任务设计子任务和评价量规。仍以有机化学第二章"烃类"为例,教师基于化学课程标准的内容要求和学业要求在单元学习时设计了如下任务。

任务1. 用球棍模型拼插烃类物质(乙烷、乙烯、乙炔、苯)的分子结构并比较其结构、性质特点。

要求:①用球棍模型拼插好分子结构后,拍照,将照片保存到PPT文档中。②描述出乙烷、乙烯、乙炔和苯分子的结构特点、性质特点及它们结构上的异同点,保存在PPT文档中。可参考下表。

物质	分子结构特点	性质特点	比较结构上的异同点
乙烷			相同点:
乙烯			
乙炔			不同点:
苯			

学生完成情况如表3。

表3 学生完成情况

物质	空间构型	分子结构特点	物理性质	主要化学性质
乙烷	对顶三角锥	全部单键、饱和	无色无臭气体;不溶于水,微溶于乙醇、丙酮,溶于苯	燃烧、取代
乙烯	平面	含碳碳双键、不饱和	无色稍有气味的气体;难溶于水,易溶于四氯化碳等有机溶剂	燃烧,加成,加聚(与酸性高锰酸钾、溴水等反应)

（续表）

物质	空间构型	分子结构特点	物理性质	主要化学性质
乙炔	直线	含碳碳三键、不饱和	无色无味的易燃气体；比空气稍轻；微溶于水，易溶于有机溶剂	燃烧，加成，加聚（与酸性高锰酸钾、溴水等反应）
苯	平面正六边形		无色、有甜味的透明液体；其密度小于水；难溶于水，易溶于有机溶剂	燃烧，取代，加成（卤代、硝化等）

从学生的完成情况来看，最开始设计的任务比较单一，"结构"概念没有具体化、没有详细展开，有机物的具体性质没有和与之相关的具体结构联系起来。于是，教师对上述任务进行了修改，新的任务设计如下。

任务1：用球棍模型拼插烃类物质（乙烷、乙烯、乙炔、苯）的分子结构并比较其结构、性质特点。

要求：①用球棍模型拼插好分子结构后，拍照，将照片保存到PPT文档中。②比较乙烷与乙烯的结构、性质特点，并解释乙烷与乙烯化学性质差异的原因。可参考下表。

物质	结构简式	分子结构特点	化学性质	乙烷、乙烯化学性质差异的原因
乙烷				
乙烯		分子中有 C=C	①加成反应；②……	

③比较乙烯与苯的结构、性质特点，并解释乙烯与苯化学性质差异的原因。可参考下表。

物质	结构简式	分子结构特点	化学性质	乙烯、苯化学性质差异的原因
乙烯		分子中有 C=C	①加成反应；②……	
苯				

＊注：（1）有机物结构特点包括组成元素，原子的杂化类型，成键方式，键长、键角、键能、键的极性，不饱和度，原子的连接顺序，空间结构，官能团的种类、数目和位置，基团之间的相互影响，分子间作用力，氢键等因素。（2）注意结构与性质之间的对应关系，什么样的结构对应什么样的性质。（3）化学性质尽量用相应化学方程式表示。

新的任务将有机物结构的内容具体化,提醒学生注意结构与性质之间的对应关系,并给出回答的例子,如乙烯分子中有碳碳双键,因此乙烯可以发生加成反应。同时,还要提醒学生尽量用相应的化学方程式表示有机物的化学性质。这样,化学课程标准中"认识烷烃、烯烃、炔烃和芳香烃的组成和结构特点,比较这些有机化合物的组成、结构和性质的差异""能描述和分析各类有机化合物的典型代表物的重要反应,能书写相应的反应式"等抽象、概括的内容在教学中具体化,学习目标的落实情况得以被评估。

再如,针对化学课程标准中"能基于官能团、化学键的特点与反应规律分析和推断含有典型官能团的有机化合物的化学性质。根据有关信息书写相应的反应式"这一要求,项目组设计了以下任务。

任务1:已知有机物 A 的结构为 ⌬—CH=CH—CH₃ ,请预测有机物 A 的化学性质,并简要列出判断依据。可参考下表。

化学性质	判断依据
①加成反应	分子中有 $C=C$,有苯环
……	

任务2:已知"臭氧化还原水解"反应如下:

$$\begin{matrix} R_1 \\ R_2 \end{matrix}C=C\begin{matrix} R_3 \\ H \end{matrix} \xrightarrow[\text{②Zn/H}_2\text{O}]{\text{①O}_3} \begin{matrix} O \\ \| \\ R_1\text{—C—}R_2 \end{matrix} + \begin{matrix} O \\ \| \\ R_3\text{—C—H} \end{matrix}$$

(Ⅰ)下列烯烃在发生臭氧化还原水解反应时,产物中可生成乙醛(CH_3CHO)的是(   )。

A. $CH_3CH=CH(CH_2)_2CH_3$

B. $CH_2=CH(CH_2)_2CH_3$

C. $CH_2=CHCH=CH_2$

D. $CH_3CH_2CH=CHCH_2CH_3$

(Ⅱ)某烃 A 分子式为 C_7H_{10},经催化氢化生成化合物 B(C_7H_{14}),A 经

臭氧化还原水解得到等物质的量的 $HCCH_2CH_2CCH_2CH$（带三个O双键）和 $\underset{H\ \ H}{C}=O$，A 的可能结构简式为_____。

这些任务有一定的难度和挑战性，通过陌生情境问题来考查学生是否具有分析、解决真实问题的能力。这些任务既激发了学生学习的积极性，也引导了学生完成对学习目标达成情况的评估。

在确定学习目标时，有一种逆向学习设计方法，即每当接触到一个学习内容的时候，先确定预期的结果，再根据这个预期的结果，确定合适的评估证据（图5）。

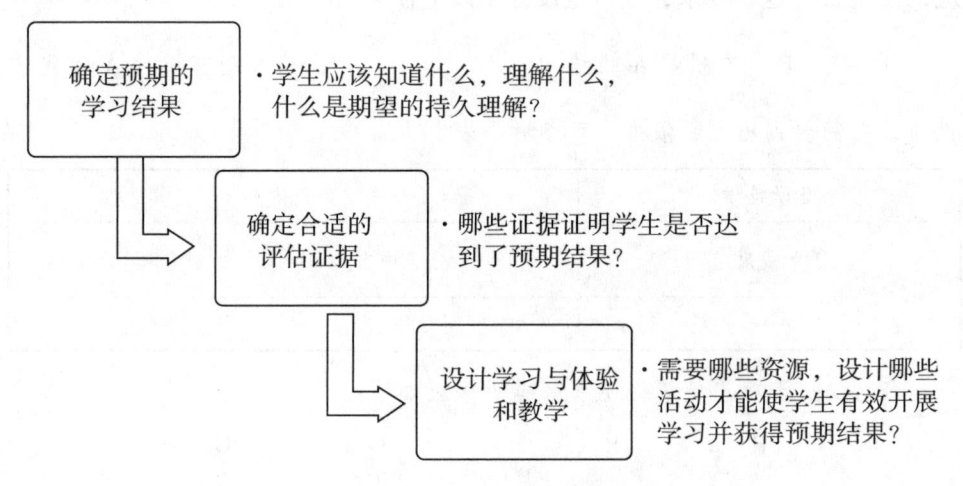

- 确定预期的学习结果 · 学生应该知道什么，理解什么，什么是期望的持久理解？
- 确定合适的评估证据 · 哪些证据证明学生是否达到了预期结果？
- 设计学习与体验和教学 · 需要哪些资源，设计哪些活动才能使学生有效开展学习并获得预期结果？

图5　基于 UbD² 的逆向学习设计

我们通过精心设计前测（自学检测）、后测（单元检测）和段考试题，用逆向学习设计方法确认学习目标。前测（自学检测）和后测（单元检测）是大单元学习的重要组成部分。通过前测可以了解学生经过自学自研对基本知识（主要是陈述性知识、概念性知识）的掌握情况，学生已掌握的内容在接下来的课堂讨论环节将不再过多涉及。后测主要考查学生在完成单元学习任务和课堂讨论后所能达到的学业水平。后测中的测试题与单元学习任务有很大的相关性，引导学生重视并认真完成单元学习中的任务。同样，段考试题中也设计了类似的试题，既考查了学生的学业水平，也是一种逆向引导学生确认学习目标的途径。如北京市十一学校 2017 级高一直升期中段考 15 题（有删减）：

15.（14 分）肉桂酸在食品、医药等方面有着广泛用途。肉桂酸的结构式如图所示。

(1) 肉桂酸的分子式为_____，不饱和度是_____。

(2) 肉桂酸能发生的反应有_____。

a. 加成反应　b. 氧化反应　c. 消去反应　d. 取代反应

(3) 写出肉桂酸在一定条件下发生加聚反应的化学方程式：_____。

(4) 下列有关肉桂酸的说法正确的是_____。

a. 肉桂酸存在顺反异构

b. 肉桂酸可使酸性高锰酸钾溶液褪色

c. 1 mol 肉桂酸最多可与 3 mol 溴水反应

d. 1 mol 肉桂酸最多可与 1 mol 氢气发生加成反应

综上所述，在整个课程实施的过程中，正因为有了课程标准，教师在确定学习目标时，才会心中有数、从容淡定。确立的学习目标最终也是指向课程标准的，同时，学习目标的确立延伸出的是围绕学习目标展开的学习历程，这一部分也应该各有特色、丰富多彩。

参考文献：

[1] 中华人民共和国教育部. 普通高中化学课程标准（2017 年版 2020 年修订）[M]. 北京：人民教育出版社，2020.

[2] 曾文婕. 从"教学目标"到"学习目标"——论学习为本课程的目标转化原理 [J]. 全球教育展望，2018，47（4）：11 – 19.

课程内容情境化的价值、策略及教学思考

吴克勇[①]　蔡子华[②]

知识只有在它产生及应用的情境中才能产生意义，在情境中学习是掌握知识的最好方法。《普通高中课程方案（2017年版2020年修订）》中明确提出："关注学生学习过程，创设与生活关联的、任务导向的真实情境，促进学生自主、合作、探究地学习，注重对学生学习过程的评价，推进信息技术在教学中的合理应用，提高课程实施水平。"《普通高中化学课程标准（2017年版2020年修订）》在必修课程内容中把"情境素材建议"作为一个独立的板块加以呈现，指出"教师在教学中应重视创设真实且富有价值的问题情境，促进学生化学学科核心素养的形成和发展"，突出强调了情境素材的重要性，彰显了对营造情境的重视。课程内容情境化是指教师在教学过程中有意识地引入或创设一定的情境，把知识转化为与其产生或具体运用的情境具有相似性结构的组织形式，让学生参与、体验类似知识产生或运用过程的情境，从而直观、富有意义地学会知识或解决问题。

一、课程内容情境化对发展学科核心素养的价值

真实、具体的问题情境是学生学科核心素养形成和发展的重要平台，为学生运用学科核心素养提供了真实的表现机会。学科核心素养是学科育人价值的集中体现，是学生通过学科学习而逐步形成的正确价值观、必备品格和关键能力。核心素养是个体在与各种真实情境持续的社会性互动中，通过解决问题和建构意义等途径形成并强化的。

学科知识的结构、体系是人类智慧的结晶，教师应在教学中对知识进行解构，通过情境补充背景材料，使教材内容变得鲜活，让学生知道这些知识

---

① 吴克勇，哈尔滨师范大学附属中学科研室主任，中学高级教师。
② 蔡子华，黑龙江省哈尔滨市教育研究院高中化学教研员，中学高级教师。

从何而来；把知识应用到真实情境中，向学生解释所学知识有什么样的用处，给学习赋予意义。通过学习活动，让学生自己建立起对知识的结构化认知，将学科结构转化为学生的认知结构，是知识转化为素养的重要途径。课程内容情境化能将知识的丰富内涵呈现在学生面前，激发学生的学习兴趣，促进其学习方式的转变，提高知识接受的效率，培养创新精神和实践能力。

以普通高中化学学科为例：化学学科核心素养的形成有赖于大量真实情境的积累，在真实情境中解决具体问题能够锻炼和提高学生理解与辨析、分析与判断、归纳与论证、探究与创新等能力，使学生结合已有经验和将要经历的社会生活实际，深切关注和体会人类面临的与化学有关的社会问题，增强社会责任感和参与意识，提高决策能力，升华科学精神。

二、课程内容情境化的基本策略

以知识的灵活迁移、实际运用为目标，联系学科发展历史或生产、生活、科学研究实际，适当增删、拓展、重组、改造教材内容，将知识与具体情境有机融合，是课程内容情境化的基本过程。在此过程中，教师成为课程资源的建设者。课程内容情境化所采取的策略应根据学科特点、教材内容和学生实际而有所不同、有所侧重。下面以普通高中化学学科为例，阐述课程内容情境化的十条基本策略。

（一）融入日常生活

把学生带入真实的生活情境中，会使课程内容由科学世界回归生活世界，变得更加开放和富有活力。在解决问题的过程中，学生将个人的知识、经验变为解决问题的工具，甚至会主动寻求将新知识用于问题解决。教材中"互不相干"的知识点，因在真实情境中的相互关联而呈现出结构化，知识变得真实而富有意义。生活中应用化学知识的场景比比皆是，通过情境创设能将知识的学习与应用有效对接。例如，在引导学生建立电解质概念时，可以从"给电器通电时，湿手操作容易发生触电事故"的生活问题引入，通过物质的导电性实验引出电解质的概念并解释生活问题。这样的处理将认知过程和教学过程融入生活情境，可以使学生充分理解课程内容和学科价值。

（二）结合工业生产

中学化学教材中的很多化学品都涉及工业化量产，如硫酸、硝酸、盐酸、氢氧化钠、碳酸钠等。教师在教授相关知识时，可以联系生产情境展开教学，在条件允许的地区，还可以组织学生到工厂进行实地参观，针对某些生产环节进行讲解。例如，在学习粗盐提纯时，可以带领学生参观氯碱工厂或盐场，了解食盐精制工序，结合具体工序讲解学习。又如，在学习铁与水蒸气的反应时，联系工业生产创设真实情境，呈现生产中钢水注入模具的画面，并提出问题："炽热的铁水或钢水注入模具之前，模具必须进行充分的干燥处理，不得留有水分，这是为什么？"先以真实问题情境引发学生心中的疑问，再结合铁粉与水蒸气反应的实验事实，引导学生深入思考，得出结论，并根据相关原理解释最初提出的生产问题。

（三）联系环保实践

许多环境污染问题的产生和解决都与化学有关，化学课程内容的环保实践化有着广泛而丰富的素材。例如，在"沉淀反应的应用"教学中可以创设以下情境：首先，播放铜矿污水污染事件视频，给出一些可能用到的难溶物质的溶度积，组织学生进行小组讨论，设计使铜矿污水达到排放标准的方案；其次，学生通过计算、讨论提出最佳方案，进而开展实验验证 FeS 和 Cu^{2+} 可以发生反应；最后，播放实际生产中治理铜矿废水的视频。上述教学以实际生产中铜矿污水达标处理为主线，从中挖掘沉淀溶解平衡的相关知识。学生在探讨铜矿污水处理方案的过程中，充分感受到了化学知识在实际生产中的意义与价值，提高了应用化学知识解决实际问题的能力，形成了可持续发展意识和绿色化学观念。

（四）尝试学术探索

化学知识的发现过程中蕴含着丰富的问题情境素材。科学研究前沿是科学研究中最具发展潜力的研究主题或研究领域，受关注度高，富有挑战性，容易激发学生的学习兴趣。在教学中，教师可从科技文献中选取与学习内容有关的、新颖的前沿科研文章，做适当加工，将知识融于学术探索情境中，按照学术研究的思路开展教学。例如，在讲解原电池时，结合"2019年诺贝尔化学奖授予锂电池发明人，这项技术如何改变了我们的生活"这一问题展开，会让学生感到新奇实用。又如，在讲述氢键时，向学生展示我国科学家裘晓辉及其团队利用高分辨率的原子力显微镜拍摄的氢键照片，既可以唤起学生的好奇心，又可以增进学生对氢键的理解。

（五）加强探究实验

化学是实验科学，化学实验情境是传授化学知识时应用得最多的情境之一。例如，在教授"弱电解质的电离"时，可以先引导学生回顾电解质和非电解质的概念，然后提出问题："酸碱盐都是电解质，在水中都能电离出自由移动的离子，不同电解质的电离程度是否相同？"组织学生以小组为单位，利用提供的实验药品和器材进行对比探究：①等体积、不同浓度的盐酸与足量的镁条的反应速率；②等体积、等浓度的盐酸、醋酸与足量的镁条的反应速率。探究情境既为学生理解相关问题做了必要的铺垫，又能充分调动学生自主学习的积极性，深化学生对相关知识的理解和掌握，提升学生解决问题和动手操作的能力。

（六）关联化学史实

结合人类探索物质及其变化的历史与化学学科发展的趋势，充分运用化学发展史素材，有助于引导学生深度学习化学的基本原理和基本方法，形成科学的世界观，了解科学研究的趋势、过程和一般方法。例如，从化学史料中记载的人类利用金属活动性进行生产（如宋代的湿法冶金）的历史出发，使学生置身于历史文明之中，能够很好地激发学生从历史文化和科学角度认识该问题的兴趣，从而进一步开展探究，模仿类似的实验，探寻其本质原因。又如，在教授"原电池"时，可向学生介绍伽伐尼和伏打发明原电池的史实，使学生通过对电池发展史的了解来深化对原电池原理的认识。

（七）关注中国成就

中华文明绵延数千年，是世界上唯一从未间断的古老文明。勤劳、有智慧的中华各族儿女在探索、认识和利用物质方面积累了丰富的经验，尤其是新中国成立以来，化学科学研究取得了举世瞩目的成就，化学工业部门完备，成就斐然。结合上述内容创设教学情境，突出我国科技发展成就及科学家的贡献，不但有助于学生的学习，还能增强他们的民族自豪感和自信心，激发爱国热情，树立爱国志向，学习报国本领。例如，学习硫的时候介绍《周易参同契》中有关硫和汞反应的记载,学习过氧化钠时介绍青蒿素中的过氧键,学习合金时介绍我国成功研制的超级钢,等等。这些内容既能紧密联系所学知识,又能使学生的自豪感油然而生。

(八) 讲述趣味故事

亚里士多德曾说:"我们无法通过智力去影响别人,情感却能做到这一点。"故事有情节、有冲突、耐看易读,最易搭建情感的桥梁,更容易给学生留下深刻印象。例如,在介绍碳原子的成键特点时,可以讲述凯库勒发现苯环结构的故事,使学生充分领会苯作为一个封闭环式结构的巧妙构思;再结合介绍 IBM 公司通过扫描隧道显微镜观察固定在铑晶体表面的苯分子,其六元环结构清晰可辨的故事,使学生叹服于人类智慧,更好地领会有机物中碳原子的成键特点。

(九) 开展综合活动

日常生活中单纯的化学情境相对较少,学生接触的往往是包含多学科知识的综合化情境。综合实践活动基于学生的真实生活和发展需求,从生活情境中发现问题,将其转化为活动主题,通过体验、调查、探究、制作、服务等灵活多样的学习方式,提升学生对自然、社会和自我的整体认识,使学生形成和提高价值认同、责任担当、问题解决和创意物化等能力和意识,更好地培养和发展核心素养。例如,在学习有机化学内容时,动员学生每认识一种有机物就参照教材中的分子模型图,用橡皮泥、牙签制作相应的球棍模型。在动手制作过程中,学生用看得见的材料制作看不见的结构,使化学世界不再神秘,有助于加深对有机物结构、空间构型、反应机理的理解。这样的活动既提高了学生的化学学科核心素养,又使学生巩固了已有知识,还让学生体验到了制作的快乐。

(十) 采用虚拟现实

借助信息技术,可以化微为宏、化隐为显、化长为短或化短为长,创造和模拟肉眼看不到的、倏忽而逝的或变化缓慢的事物和现象,从而扩充对现实世界的解释方法,增强对现实世界的解释能力,扩展与加深学生的体验。例如,可以用动画模拟微观粒子的运动来发展学生的微观探析能力,通过仿真实验室增强学生对实验操作和物质性质的认知。又如,在"压强对化学平衡移动的影响"教学中，将装有 20 mL NO_2 气体的针筒与压力传感器和计算机相连，然后将气体体积压缩至 10 mL，根据计算机显示的图像，引导学生思考气体的最终压强为什么不是原来的两倍。形象化的情境使教学变得更加直观，可以有效地化解和突破教学难点。

三、课程内容情境化需要注意的几个问题

（一）正确认识情境创设与教学效率的关系

在开展情境教学时，有些教师担心运用情境会花费较长时间，可能会冲淡知识教学、影响学习效率，这种担心显然是不必要的。教学并不是简单的复制粘贴，学生需结合以往经验，把新知识同化到自己的认知结构中，变成自己理解世界、解决问题的工具，而情境正是这种意义建构过程中必需的支架。恰当地创设情境不但不会影响教学效率，反而会给课堂教学添色生香，增加知识的魅力，提升学习体验和教学效果。

（二）注意发挥情境的主线作用

情境是核心素养视域下课堂教学不可或缺的要素，而非可有可无的点缀。教师应针对教学内容，设置一系列具有关联性、递进性的小情境，并将它们串联成线，作为学生整节课探究学习的主线，逐步扩展、深入、充实、明晰，使学生始终沉浸于情境中。情境能够引入知识，知识反过来又能解释情境，二者构成了一个闭合的教学链条。情境中蕴含的真实问题是学生知识建构的载体，既能成为课堂问题产生的源头，又能使整个教学围绕情境展开，在整个学习过程中激发、推动、维持、强化和调整学生的认知活动、情感活动、实践活动，让学生的思维不断走向深入。情境主线与知识主线相融合，使学生在建构有意义的知识体系的同时，也能发展核心素养。

（三）积极尝试新的教学组织形式和教学方法

真实的情境往往是跨学科或跨领域的，我们通常无法单纯依靠某一学科的知识或某一节课的知识使问题得以解决，为此，跨学科或长学时的学习研究便不可避免。项目化学习或弹性作业恰好可以调和情境与知识之间的矛盾，能够很好地适应跨学科或长学时教学的需要，充分发挥情境在促进学生核心素养发展方面的功能。例如，在创设有关"盐"的教学情境时，教师可以设

计"从自然界中的盐到餐桌上的食盐的制备研究"这一项目学习任务,促进学生对相关跨学科知识的统整学习。要完成该任务,学生需要综合应用化学学科的各部分知识以及其他学科知识,必要时还要自学新知识。最终,学生的知识结构得以扩展,问题解决能力得以提高。

(四)探索情境化评价方式,助力核心素养培育

练习与考试是教学的两个重要环节,教师在这两个环节中也要积极探索开发情境化习题和试题,充分发挥情境的育人功能。在教学的不同阶段,基于学生对学科知识掌握和了解的实际情况,情境创设应采取不同的策略。在教授新课环节,让学生通过情境进入学科知识的学习;在复习提高环节,引入恰当的命题情境,给学生进一步深入思考的空间和充分发展学科思维的机会,实现学科能力的提升。设计情境化的习题和试题,一方面,应对学生的认知成长产生影响,巩固和发展学生的核心素养;另一方面,应对学生的情感、态度和价值观进行积极的引导。

情境的引入从根本上改变了学习范式,使学习聚焦于知识的迁移,从死记硬背的做题训练转向做人做事的能力培养。精心创设教学情境是培育学生核心素养、提高教学有效性的重要途径,创设有价值的情境已成为化学教师课堂教学的基本功。教师应熟练掌握学科知识,了解生产生活实际,关心科技前沿进展,以便创设出富有创新意蕴、促进有效学习的生动情境。

参考文献:

[1] 张琼,胡炳仙. 知识的情境性与情境化课程设计[J]. 课程·教材·教法,2016,36(6):26-32.

"目标、情境、活动、问题"四步落实化学核心素养

李书霞[①]

普通高中化学学科核心素养包括五个方面：宏观辨识与微观探析、变化观念与平衡思想、证据推理与模型认知、科学探究与创新意识、科学态度与社会责任。其展现了学生应具备的化学学科特质的关键能力和必备品格，反映了化学学科育人的基本要求和功能价值。为探索"如何将核心素养渗透在课堂教学中"这一课题，笔者以高中化学"弱电解质的电离"一课为例，与大家分享笔者在核心素养引领下的课堂教学实践中的一些思考。

一、教学内容分析

"弱电解质的电离"是人教版高中化学教材选修4第三章"水溶液中的离子平衡"的开篇内容，课程标准的要求主要是认识电解质的强弱、能用化学平衡理论描述电解质在水溶液中的电离平衡。本节内容可谓承上启下，承上是指必修1中介绍过"电解质"的概念，而上一章刚学习了化学平衡理论；启下则指本节内容开启了分析"水溶液中离子行为"的新篇章，对学生建构微粒观有着重要的价值，会直接影响到学生对水的电离及盐类水解知识的学习效果。所以通过学习"弱电解质的电离"一课，让学生进一步深入认识强、弱电解质，尤其是弱电解质存在的电离平衡，同时建构分析水溶液中离子行为的思维模型。

二、学习者分析

学生的已有认知：在必修2"离子反应"的学习中，学生了解了电解质的概念及离子反应发生的条件，会根据化合物在水溶液或熔融状态下能否导电区分电解质和非电解质，能够初步分析酸、碱、盐在水溶液中的一些电离

[①] 李书霞，清华大学附属中学化学教研组长，北京市骨干教师，海淀区化学兼职教研员。

现象，会书写常见反应的离子方程式；而通过之前学过的"化学反应速率和化学平衡"的内容，学生树立了平衡观，掌握了运用动态平衡的特征及平衡移动的理论解释化学现象，能够利用平衡常数进行简单计算。

学生待发展的认知：电解质在水溶液中的电离程度会有所不同，据此可以再细分为强电解质和弱电解质，而弱电解质在水溶液中存在电离平衡，如何从微观角度认识这个动态平衡及其影响因素，如何设计相关实验进行深入分析和证明，即综合运用微粒观和平衡观解决弱电解质的电离平衡问题，对学生仍是一个挑战。

基于以上分析，笔者完成了"弱电解质的电离"一课的教学设计，欲重点发展学生"宏观辨识与微观探析、证据推理与模型认知、变化观念与平衡思想"三个方面的核心素养。

三、核心素养引领下的课堂教学探索

（一）教学目标的设定

本课以发展学生化学学科核心素养为引领，设定教学目标如下。

①能够从"电离程度有差异"的角度宏观辨识强、弱电解质，并从"微粒"的角度探究和解释弱电解质电离平衡的客观存在——宏观辨识与微观探析。

②能够设计并实施实验方案以探究弱电解质的平衡移动问题，体会影响弱电解质电离平衡的因素——证据推理与模型认知，科学探究与创新意识。

③能够运用平衡理论解释弱电解质的平衡移动问题，体会微粒间相互依存和制约的对立统一关系，建构分析弱电解质溶液体系的思维模型——变化观念与平衡思想。

通过服务于以上教学目标的课堂教学，学生将进一步学习到从宏微结合的角度认识物质的方法，在动手操作中感受到实验是研究物质性质的重要途径，在对平衡理论的迁移应用中提升思维的深度，从而体悟到获取证据进行推演分析的科学实证精神。

（二）情境创设

核心素养引领下的课堂教学强调过程教育，所以我们在课堂上需要创设

真实而有意义的情境，提供化学学科独特的认识途径和视角，让学生在观察、探索、讨论的过程中感悟知识的本质，积累思维和实践经验，形成和发展核心素养。本节课的第一个环节是"辨识强、弱电解质"，情境如下。

【情境1】展示一瓶水垢清除液，其说明书书写的成分是"醋酸、草酸等复合酸"，提出问题：为什么锅炉或热水壶除垢要用这些酸而不是盐酸？

这是一个来自生活的案例，让学生在真实情境中感受到化学的学科价值，在此情境下引出学生的前概念，自然而然地进入强、弱电解质的分析角度。

【情境2】室温下用pH计传感器准确测定0.1 mol/L盐酸和0.1 mol/L醋酸的pH，得到的数据分别为1.06和2.82，引发思考：看到这个实验结果，你认为盐酸和醋酸在水中的电离有什么差异？

以前教学常用的方法是金属（如镁粉）与同浓度的盐酸和醋酸反应，通过气球鼓起的快慢进行对比分析。但随着数字化传感器的广泛使用，我们完全能够借助手持技术获取更准确和直观的数据，从而让教学更加定量化和具有说服力。在此情境下，学生得出结论：盐酸是较强的电解质，在水中几乎完全电离；而醋酸是较弱的电解质，在水中部分电离。对于层次比较好的学生，还可以让他们利用醋酸的电离平衡常数表达式，计算出此时醋酸的K_a及电离程度（转化率），进一步通过真实数据感受弱电解质"部分电离"的事实。

【情境3】引导学生从微观的角度分析强、弱电解质溶液中的微粒，填写表格。

分析内容	0.1 mol/L 盐酸溶液	0.1 mol/L 醋酸溶液
微粒的种类		
微粒的来源		
产生差异的原因		

通过分析宏观现象和数据，引发分析微粒的抽象思维，此处对于"弱电解质部分电离"的本质要进行剖析，因为有些学生存在误区，认为醋酸进入水中后只存在一个"部分电离"的过程，而忽视了离子结合成分子的方向。学生在讨论过程中提出可以用"同位素示踪"的方法证明这个动态平衡过程，

可谓思路开阔且严谨,只是以目前实验室的条件无法验证。通过这样的研讨,学生理解了弱电解质的电离是一个可逆的过程,同时存在着电离和分子化两个反应,而我们测到的数据是正逆反应速率相等(即平衡时)的pH。在这种宏微结合的对比分析中,学生逐步建构起分析水溶液中离子行为的思维模型。

(三)探究活动

本节课的第二个环节是"探究弱电解质的电离平衡移动"。平衡移动是抽象的微观行为,借助实验手段进行探索是最佳方法。学生根据探究目的设计和优化实验方案、付诸实际操作、观察现象、记录数据、展示结果并给出初步结论。此过程有助于发展学生"探究和创新意识、寻找证据进行推理论证"等学科素养。

【探究活动】利用pH传感器测定温度、浓度,以及CH_3COONa固体对醋酸电离平衡的影响。

在开始实验之前,教师要求学生遵循"先充分思考,再动手操作,及时记录和分析,实验方案争取做到操作简单、现象明显,注意变量控制和环保节约"的原则。探究实验是一个伴随着思考的慢过程,动手操作前应该设计出切实可行的方案,因为科学的方案才能获得可靠的证据,可靠的证据才能得出合理的结论。

在探究温度这个影响因素时,有学生测定了0.1 mol/L的醋酸溶液在常温和微热时的pH,发现后者小于前者,符合之前的认知:电离一般吸热,升温后平衡正向移动,酸性增强。但是也有个别学生测出了相反的结果,即温度升高,醋酸溶液的pH却增大了,这是为什么呢?在讨论中有学生提出:可能是加热温度太高,醋酸部分挥发,溶液浓度降低,导致酸性反而减弱,此解释得到了大家的一致认同。

之后,化学兴趣小组的学生展示了他们在课前做的一组实验:同时利用温度和pH传感器测得0.1 mol/L醋酸溶液的pH随温度变化的动态曲线(图1)。数据显示,在实验所测温度范围内(<60 ℃),醋酸电离平衡的变化遵循了一般规律:随着温度升高,电离被促进,溶液的pH减小。通过兴趣小组学生的介绍,大家直观感受到了温度影响电离的变化过程,这种定量和动态的实验手段得到了令人信服的证据。

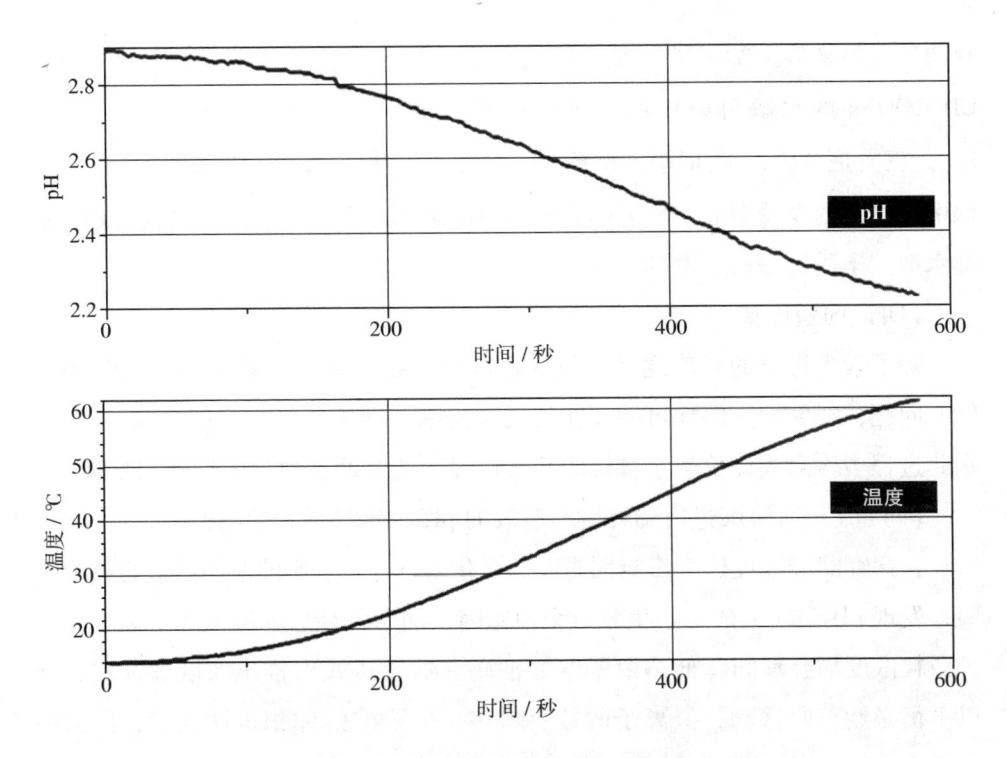

图1 0.1mol/L 醋酸溶液的 pH 随温度变化的曲线

在探究 CH_3COONa 固体这个影响因素时，学生得到的实验结果是：向醋酸溶液中加入 CH_3COONa 固体后 pH 增大。但在解释原因时却出现了问题，大部分学生认为电离平衡逆向移动，但也有人提出疑惑：CH_3COONa 在溶液中呈现碱性，OH^- 会中和醋酸电离出来的 H^+，应该导致平衡正向移动，为什么是逆向呢？这个环节引发了学生的激烈争论，教师让有想法的学生逐一表达自己的观点，再让大家做出判断。最后大家一致认可的解释是：CH_3COONa 固体进入溶液中后会使 CH_3COO^- 浓度瞬间增大，导致浓度商大于 K_a，平衡自然逆向移动。教师再给出数据并分析：0.1 mol/L 的 CH_3COONa 溶液 pH 为 8.9，此溶液之所以呈碱性是由于 CH_3COO^- 结合水中 H^+ 生成弱电解质 CH_3COOH，而这一过程本质上就是醋酸电离的逆反应，恰恰说明了 CH_3COONa 的加入致使醋酸电离平衡逆向进行的事实。以前教学时，为了避免学生产生此疑惑，教师通常会用 CH_3COONH_4 举例而不是 CH_3COONa，但笔者认为 CH_3COONH_4 溶液中存在 NH_4^+ 的水解平衡，体系更加复杂，并不利于把问题解释清楚。将来学生学习了盐类水解的知识之后，会发现 CH_3COOH 的电离和 CH_3COONa 的水解可以用同一个平衡来解释：$CH_3COOH \rightleftharpoons CH_3COO^- + H^+$，正向是电离，逆向则是水解，只不过"水解"的实质是 CH_3COO^- 结合水电离出来的少量 H^+。所以不回避 CH_3COONa 这个影响因素，对以后理解盐类水解的本质也是有帮助的。

（四）问题设置

除了学生提出的疑惑之外，教师也应该依据学生情况提出有深入探究价值的问题，帮助学生解除可能存在的误区或综合利用所学知识解决实际问题，在此过程中检测或评价教学目标的达成情况，适时调整教学的进度和难度。

【问题1】对醋酸进行稀释时，溶液的 pH 一定是增大的吗？

在探究醋酸浓度这个影响因素时，学生对 0.1 mol/L 醋酸溶液进行稀释实验，发现 pH 是增大的，学生分析个中原因：加水稀释后醋酸电离平衡中的三种微粒浓度均会瞬间降低，根据电离平衡常数表达式可推出浓度商 $< K_a$，所以平衡必然正向移动，氢离子的数目增多，但溶液的体积也增大了，因为后者是决定性因素，所以 $c(H^+)$ 最终是减小的。然而，这样的推论其实是有适用的浓度范围的，为了避免学生走入"绝对化"的认知误区，此时教师提出问题：醋酸溶液稀释后 $c(H^+)$ 是否一定减小呢？如果是从冰醋酸开始稀释又如何呢？这个问题引发了学生深入思考。

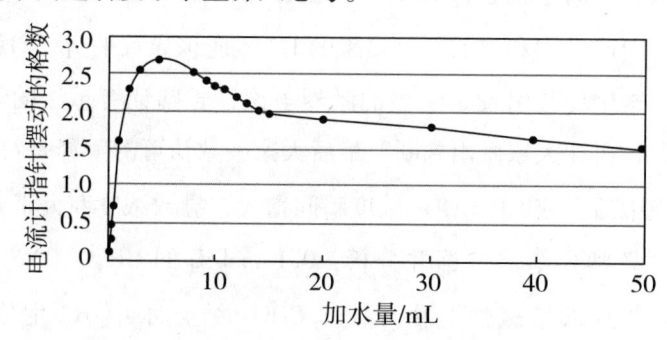

图2 冰醋酸在稀释过程中导电性的变化

之后，教师给出冰醋酸稀释过程中导电性变化的曲线（图2），以加入水的体积为横坐标，以电流计指针摆动的格数（导电性）为纵坐标：通过对此图的观察和分析，学生对醋酸加水稀释时溶液中离子浓度的变化有了更全面的认识,即醋酸的导电性随着水的加入先增强后减弱。从图2可以看出,冰醋酸加水后,初始的导电性增加很快,到达峰值之后,随着水的加入,导电性减弱,但变化是比较缓慢的。而曲线中的峰值对应的醋酸溶液的量浓度大约在3.7~2.4 mol/L之间,所以,如果醋酸溶液比较稀,即在低于2.4 mol/L的情况下稀释,溶液体积的增大是主导因素,即pH会增大,这和学生的实验结果是一致的;然而,如果对浓度大于2.4 mol/L的醋酸溶液进行稀释,pH则可能减小或不变。在此认知冲突中,学生逐步养成严谨求实的科学态度及探索未知、崇尚真知的科学精神。

【问题2】哪些方法可以证明某一元酸HA是弱电解质?

在前面学习的基础上提出这个开放性的问题,欲从微观、动态、平衡的角度深化学生对"弱电解质电离平衡"的理解,使"变化观念与平衡思想"这个核心素养得到发展;同时也培养学生的证据意识,即能基于证据对物质的性质及其变化提出可能的假设,即"若HA是弱电解质,则会有……"或"通过……实验测定,可以证明HA溶液中存在电离平衡"等。在此环节中,学生通过分析推理加以证实或证伪,从而建立观点、结论和证据之间的逻辑关系。在实际课堂教学中,我们会发现,只要给学生充分的思考和讨论时间,他们几乎能想到所有的方法,包括相同pH的盐酸和HA溶液稀释过程中pH变化幅度的差异。此时,笔者适时让化学兴趣小组的学生展示了他们做的另一组实验:pH=2.4的醋酸和pH=2.4的盐酸加水稀释时pH的变化曲线,让其他学生辨识两种电解质各是哪一个,在前期思考的基础之上,学生顺理成章地得出了结论。

四、教学反思

"弱电解质的电离"这节课的教学设计和课堂实施以核心素养为引领,使得教学的育人目标更加明确,尤其发展了学生宏观辨识与微观探析、证据推理与模型认知、变化观念与平衡思想三个方面的核心素养;而有思维容量的问题情境和教学活动的设置,撬动了学生的深度思维,让学生在质疑和争论中深化了微粒观和平衡思想;在实验探究环节中,既有教师演示又有学生分组实验,既有静态的数据测定又有动态的曲线生成,极大地引发了学生兴趣,使其感受到了现代技术对教学的辅助作用。通过后续的访谈和答疑，笔者了解到，学生对弱电解质在水溶液中的行为有了清晰的认识，初步建构了分析弱电解质问题的思维模型，在之后学习"水的电离和盐类水解"知识时，这种思路和方法又得到了进一步的应用和发展。当然，本节课也有遗憾，即在学生自主实验的环节，时间不够充裕，学生的兴致和探究深度都受到了一定的限制。

化学学科核心素养五个方面的具体内容给予了教学准确的定位，我们教师在备课时，需要深入挖掘内隐其中的学科价值和育人功能，将核心素养融合在整体的教学设计中，即依托学科知识的教学，帮助学生了解科学的本质和价值，建构科学的观念，掌握科学研究的方法，提升科学探究的能力，在做人做事方面体现出科学态度和社会责任感。

参考文献：

[1] 夏立先. 对醋酸溶液导电性的定量测定 [J]. 中学化学教学参考，2012（9）：43–44.

指向素养发展的高中化学教学改进

陈 颖[①]

《普通高中化学课程标准（2017 年版）》提出了培养化学学科核心素养的目标要求。如何将学生化学核心素养发展的教学目标落实到课堂中，需要教研部门在教学实践层面做出系统变革。北京市海淀区教师进修学校化学教研室自 2014 年 9 月以来，追踪学科核心素养研究进程，以区域学科教研活动为平台，以课例研究为载体，在区域层面推进核心素养落地的实践研究与探索，先行迈出了教学改进这一步。总体思路和经验如下。

一、指向素养发展的高中化学教学改进思路

核心素养的落实是以学习方式和教学模式的变革为保障的，要把"知识为本"的教学转变为"核心素养为本"的教学，必须大力推进学习方式和教学模式的改变。指向素养发展的化学课堂教学更应该给学生提供机会对知识进行实践和体验。教师在学生学习过程中的作用，不能仅仅是传授知识，更应该引导学生解决问题，帮助学生建立化学学科的思想方法。

1. 深度学习是实现学生素养发展的重要途径

深度学习是指在教师引领下，学生围绕着具有挑战性的学习主题，开展以化学实验为主的多种探究活动，从宏微结合、变化守恒的视角，运用证据推理与模型认知的思维方式，解决综合复杂问题，获得结构化的化学核心知识，建立运用化学学科思想解决问题的思路方法，培养学生的创新精神和实践能力，促进学生核心素养的发展[②]。深度学习是学生学习方式的系统转变：学习目标强调核心化学知识的获得，更关注化学学科核心素养的发展；学习过程强调学生的多样化活动，更关注他们积极参与和情感共鸣；学习结果则

[①] 陈颖，北京市海淀区教师进修学校教研员。
[②] 教育部基础教育课程教材发展中心"'深度学习'促教学改进"项目组。

强调化学学科思想方法的理解与内化、自主迁移与运用。深度学习带来的是学生学科核心素养的发展，表现在除了知识技能的丰富之外，还有学科观念及思维方式的建立，更有应用学科知识解决真实问题的思路及方法的形成，以及基于学科知识和思维的科学价值观的确立。

2. 基于已有研究保障"教—学—评"的一致性

学习主题、学习目标、学习活动、持续性评价是深度学习教学设计的四要素，从主题确立、目标细化和分解，到活动的设计和安排，再到评价方案的制定，应保证四个要素的一致性，这是实现学生素养发展的保障。这需要对基于具体教学内容的教学案例进行整体规划和设计，需要借助已有的教学研究成果。反思已有研究成果中的教学实践策略，判断哪些是与深度学习教学理念相一致的，概括提炼后进一步丰富完善。这样既能借助已有的研究结论丰富案例研发的思路和策略，又能体现出研究的持续性。以北京海淀区教师进修学校做过的学科能力教学改进项目为例，该项目已有的阶段性成果在学生学科能力的构建、能力表现的水平划分及评价体系等方面，对深度学习项目的教学目标确定、活动及持续性评价方案的设计等给予了较好的理论指导和实践参照。

3. 基于已有课堂实践探索教学改进方向

实践研究指向教学改进，因此需要研究团队聚焦教学实践，调研教师的教学现状，分析教学实际情况与深度学习教学的差异及可能的成因，讨论确定教师课堂教学中的真问题。在问题解决过程中，高校专家、区域教研员和学校一线教师形成研究共同体，深入课堂开展行动研究。通过问卷测查、学生访谈、教师访谈等方式共同完成施教、反馈和改进的任务，开展持续性评价，达成深度学习目标，在解决教学问题的同时梳理问题解决思路和解决方法。

二、指向素养发展的教学案例研发思路

在实践研究过程中，我们团队逐步形成了两类设计取向的教学案例研发思路。一类是基于学生学科能力进阶的案例研发，另一类是基于项目学习理论的案例研发。两类教学案例立足的教学理论不同，教学设计和实施思路有

差异，但在实现学生素养发展方面具有异曲同工的效果。

1. 促进学生学科能力进阶的深度学习案例研发思路

该类案例以学生化学学科能力发展为理论依据，彰显学科知识内容的认识发展功能和能力素养培养价值。基于认识发展论角度，知识其实可以看作是认识主体针对研究对象，在特定问题驱动下，选取了特定认识角度，经历了特定推理过程和认识路径，形成的特定认识结果[①]。基于上述理论整体设定学习目标及学习活动，学习目标蕴含了学生的活动表现——即学生学习的评价目标，依据评价目标进一步设计评价方式和评价指标，及形成本单元的持续性评价方案。

以必修"离子反应"单元教学为例，课例内容属于课标必修一级主题"常见无机物及其应用"，教学时间为 2 课时。首先，从素养发展的角度审视本节内容的教学功能和价值：离子反应是高中化学重要的概念理论知识，是学生从微观角度认识电解质在水溶液中反应的重要工具。电解质、电离、离子反应、离子反应方程式等概念能够帮助学生深入理解复分解反应的本质。学生通过离子反应的学习，对相关的物质分离提纯、鉴别检验、溶液配制和化学学科核心活动也会有更为深刻的体验，形成微观、定量、系统的较高水平的问题解决方法和思路。离子反应的学习侧重发展学生在宏观辨识与微观探析、实验探究与创新意识等方面的素养，具体表现为：建立水溶液体系的微观、定量、系统的认识思路模型，对基于真实情境的物质分离提纯、鉴别检验、溶液配制等化学核心任务的深刻体验，形成较高水平的问题解决方法和思路。

研究团队根据上述能力及素养发展要求，结合学生前测问卷分析，确定本单元的学习主题为"从微观角度认识电解质在水溶液中的行为"，具体学习目标及学习活动如下。

（1）通过证明粗盐溶液中杂质的存在形式和分析食盐精制过程中的反应（活动1）等核心活动，建立电离、电解质等核心概念，从微观角度认识和描述电解质在水溶液中电离和反应的过程，并用电离方程式和离子方程式等进

---

① 北京师范大学王磊团队"学生学科能力及其表现研究"项目组。

行表征。

（2）通过画出过滤后的粗盐溶液中溶质存在形式的示意图（活动2），外显思维过程和认识结果，初步建立从微观角度认识电解质溶液的分析思路，认识离子数量与物质宏观组成之间的关系。

（3）通过归纳复分解型离子反应发生的条件（活动3），认识离子反应的本质，建立宏观微观相结合的认识角度，能依据宏观现象分析离子间的相互作用，能依据离子反应的发生条件预测宏观现象。

（4）通过配制溶液、污水处理等实际问题的解决（活动4），固化宏观微观相结合、定性定量相结合的分析思路——"确定认识对象（溶质或溶剂）→分析微粒种类和数量→分析微粒间相互作用→分析作用结果（宏观现象等）"，提升"宏观辨识与微观探析"核心素养。

将上述学习目标中的评价目标抽提出来，确定持续性评价方案。表1为评价方案片段示例。

表1 评价方案片段示例

评价目标	评价方式	评价指标
初步建立从微观角度认识电解质溶液的分析思路，认识离子数量与物质宏观组成之间的关系。	活动2：画出过滤后的粗盐溶液中溶质存在形式的示意图。	1. 多种溶质间的定量关系是否清楚？能否通过图示表示出杂质与氯化钠相比是少量的？ 2. 每种电解质产生的离子数目是否符合化学式的组成？ 3. 阴阳离子在整个体系中是否是均匀分布的？各种离子是否满足电荷守恒？

活动2"画出过滤后的粗盐溶液中溶质存在形式的示意图"旨在提升学生的"宏观辨识与微观探析"素养。这个活动通过让学生把关于电解质以离子形式存在的知识外显，将学生对电解质的定性认识提升到了定量认识，同时也为后面解决实际低钠盐的问题做好铺垫。教学目标有持续性评价方案跟进，能够即时反馈目标的达成情况。

2. 基于项目学习理论的案例研发思路

该类案例以项目学习理论为依据，基于核心内容的学科应用及学生认识发展价值设定项目主题，围绕主题设计学习目标、活动及持续性评价方案。

项目式学习是一种以学生为中心的教学方法，它提供一些关键素材构建一个联系真实世界的情境，学生通过在此情境中解决一个开放式问题或完成一项综合性任务的经历来学习。项目式学习中，学生解决问题或完成任务的方案不是唯一的。在此过程中，学生与情境持续互动，不断解决问题和创生意义，学科观念、思维模式和探究技能逐渐形成，（跨）学科知识和技能不断结构化。

项目式学习过程中学生要有一定的成果，可以视频、海报、宣讲稿、角色扮演等多种形式呈现。这就需要学生以小组合作、课内外结合的方式，通过查阅资料、实验探究、社会性议题辩论等多种活动，形成最终的项目成果。

以必修"金属元素及其化合物"单元教学设计为例，该内容属于课标必修一级主题"常见无机物及其应用"。研究团队基于以下思考确定本单元的学习主题为"金属易拉罐材料的选择和使用"。易拉罐材料通常为铁铝材料，是学生生活中非常熟悉的材料，也是课标中要求掌握的重要物质。金属材料的选择和使用则涵盖材料领域的基本问题：材料的性能、制备、回收和利用。同时也涵盖核心的化学知识：金属及其化合物的组成分类、性质和用途。

该项目学习经历 6 课时，每课时的活动主题、评价要点及其关联如图 1 所示。

通过 6 课时的学习，学生逐步形成问题解决思路。从真实、复杂的"材料选择和使用"问题中抽提出化学认识对象——物质及其变化，从化学的认识角度将实际问题转化成化学问题，再用化学认识思路和方法解决相应的具体问题。

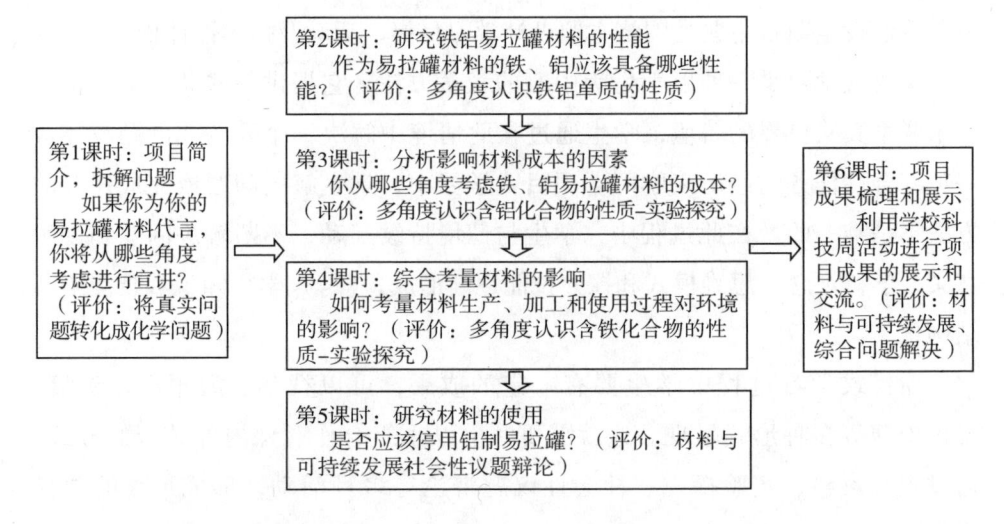

```
第2课时：研究铁铝易拉罐材料的性能
  作为易拉罐材料的铁、铝应该具备哪些性能？（评价：多角度认识铁铝单质的性质）

第1课时：项目简介，拆解问题
  如果你为你的易拉罐材料代言，你将从哪些角度考虑进行宣讲？（评价：将真实问题转化成化学问题）

第3课时：分析影响材料成本的因素
  你从哪些角度考虑铁、铝易拉罐材料的成本？（评价：多角度认识含铝化合物的性质-实验探究）

第4课时：综合考量材料的影响
  如何考量材料生产、加工和使用过程对环境的影响？（评价：多角度认识含铁化合物的性质-实验探究）

第5课时：研究材料的使用
  是否应该停用铝制易拉罐？（评价：材料与可持续发展社会性议题辩论）

第6课时：项目成果梳理和展示
  利用学校科技周活动进行项目成果的展示和交流。（评价：材料与可持续发展、综合问题解决）
```

图1 "金属元素及其化合物"单元活动主题、评价要点及其关联

三、指向学生素养发展的高中化学教学策略

在教学改进的实践研究过程中，团队教师逐步就指向素养发展的教学方法和策略达成共识（图2）。

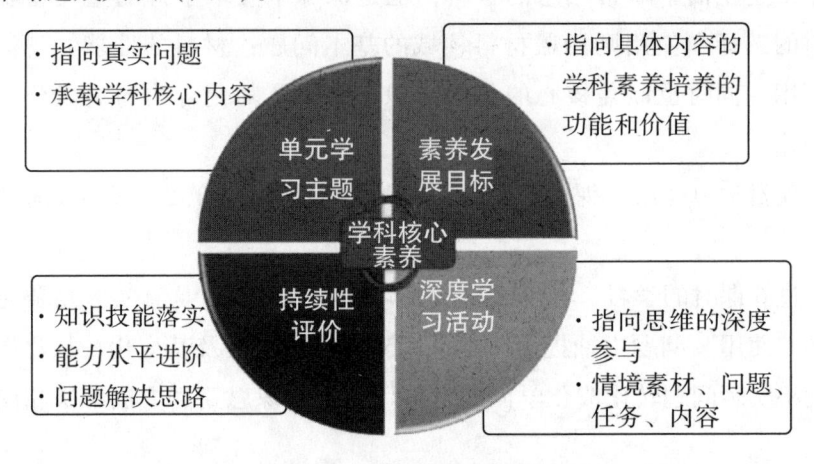

```
· 指向真实问题              · 指向具体内容的
· 承载学科核心内容            学科素养培养的
                             功能和价值

          单元学     素养发
          习主题     展目标
             学科核心
               素养
          持续性     深度学
           评价      习活动

· 知识技能落实              · 指向思维的深度
· 能力水平进阶               参与
· 问题解决思路              · 情境素材、问题、
                             任务、内容
```

图2 指向素养发展的教学方法和策略

（1）关于单元学习主题：指向素养发展的单元学习主题可以从学科核心内容切入，但主题中应该蕴含核心内容所对应的典型、真实和复杂问题，问题能体现内容的实际应用价值及学生的认识发展价值。

（2）关于素养发展目标：学生素养发展的实现依赖于教师对化学学科大

观念、核心素养的认识深入。充分研讨和理解学科观念、学科素养的内涵及素养表现，是设计好素养发展目标的基础。

（3）关于深度学习活动：创设联系实际的问题情境，设计具有挑战性的驱动性问题，引导学生在真实情境中发现、解决问题。问题解决过程即学生深度学习的活动过程，通过活动形成对物质及变化的认识方式，建立思路方法。

（4）关于持续性评价：通过分析学生活动表现，并对学生活动进行即时评价和反馈（追问、点评），检验知识技能的落实、能力发展的进阶和问题解决的思路，是持续性评价设计和实施的关键。

通过教学实施，教师切实感受到了学生在课堂上的变化——学生在深度学习活动中的思维更加活跃、敏锐，更加积极、主动地完成任务，并乐于表达自己的观点。各教学案例中的持续性评价结果也表明，指向素养发展的教学使得学生在元素观、微粒观、结构决定性质、宏观微观结合、定性定量结合等化学核心观念及思想方法上都有了深入体验，学生对化学学习的兴趣和期待都显著增强；学生掌握了科学探究的一般过程和环节，实验技能和探究能力获得显著提升；在问题解决活动中，学生逐渐完成了关于化学认识的整体建构。

教师对教学改进实践的认识也逐渐深刻——通过情境、问题和活动的设计，将化学知识转化到学生认识物质世界的角度，转化成解决真实问题的思路和方法。这样的问题和活动，不是概念辨析、知识简单应用或梳理，而是指向学科知识形成脉络及学科本体价值的问题和任务。

整合教学内容为学生的素养发展提供保障。从章教材的整合到节教材的整合，目的是使教学内容呈现顺序与学生深度学习过程中的思维发展路径相一致，与综合问题解决所需的知识发展脉络相一致。

参考文献：

[1] 中华人民共和国教育部. 普通高中化学课程标准（2017年版）[M]. 人民教育出版社，2018.

[2] 尹后庆. 核心素养要落地，学习方式必须变 [J]. 平安校园，2016（12）：12–13.

[3] 王磊，支瑶. 化学学科能力及其表现研究 [J]. 教育学报，2016（8）：46–56.

第二节　化学深度学习

以深度学习促核心素养发展的化学教学

胡久华[①]

如何实现学生深度学习，促进核心素养发展，是当前基础教育教学需要攻克的问题，具有重要的意义。实现深度学习能够促进学生学习方式真正改变，落实学生核心素养的发展，促进新一轮课程改革在实践层面的有效推进。此外，实现深度学习还能够揭示信息化时代学习的本质和课堂教学的根本任务。

一、什么是化学学科深度学习

化学学科深度学习指的是在教师引领下，学生围绕具有挑战性的学习主题，开展以化学实验为主的多种探究活动，从宏微结合、变化守恒的视角，运用证据推理与模型认知的思维方式，解决综合复杂问题，获得结构化的化学核心知识，建立运用化学学科思想解决问题的思路方法，培养科学探究与创新意识、科学态度与社会责任，促进化学学科核心素养的发展。

化学学科深度学习旨在通过具有化学学科特色的挑战性任务，促进学生化学学科核心素养的发展。其学习目标更强调在获得化学核心知识的基础上，促进化学学科核心素养的发展；其学习过程强调化学学科特有的学习活动——以化学实验为主的多种探究活动，实现学生学习方式的改变，让学生完成挑战性任务，积极参与，产生情感共鸣；其学习结果更强调化学学科思想方法的理解与运用。

[①] 胡久华，北京师范大学化学学院教授。

二、指向深度学习的化学教学设计

深度学习的发生需要条件，教师对学习目标、学习内容、学习过程、学习评价的设计与完善是深度学习发生的保障。为了实现学生的深度学习，教师需要依据化学核心知识，确定单元学习主题，依据该单元学习主题的知识结构及其挑战性任务，设计整个教学过程。单元学习主题统领的教学是打通知识到素养的通道，通过让学生完成具有挑战性的任务促进学生对化学核心知识和学科思想方法的深刻理解，实现迁移应用，培养学生的关键能力、必备品格和正确价值观。

以单元学习主题统领的单元整体教学设计，具体包括：确定单元学习主题、确定单元学习目标、整体规划单元学习主题的教学、设计单元学习活动、设计持续性评价。

（一）确定单元学习主题

深度学习倡导单元学习主题教学，"单元学习主题"是课程实施的单元，以学科核心素养及其进阶为目标，对相关教学内容进行整合，体现学习目标、学习情境、学习活动和学习评价的一致性。

如何确定单元学习主题？确定单元学习主题时要考虑课程标准、化学核心知识结构和学生经验。单元学习主题可以是社会性议题或者热点问题，也可以是日常生产生活需要解决的问题，还可以是化学学科问题。学生身边需要解决的实际问题更具有驱动性，学生更有兴趣去解决。

确定单元学习主题是深度学习教学设计的首要问题，其思路流程如图1所示。

1. 明确核心知识，构建知识结构框架

通过研究化学课程标准和教材，以及对化学学科知识的理解，明确化学核心知识，构建知识的结构框架。例如，初中化学的金属内容部分，如果关注的是金属本身的知识内容，构建的知识结构包含金属性质、金属应用、金属制备等内容要素；如果整合与金属相关的内容，不仅考虑金属本身的结构框架，还考虑金属应用的材料领域的结构框架（材料的成分、性能、制备、使用），并且将材料的结构框架和金属知识的结构框架构建联系，就能构建更

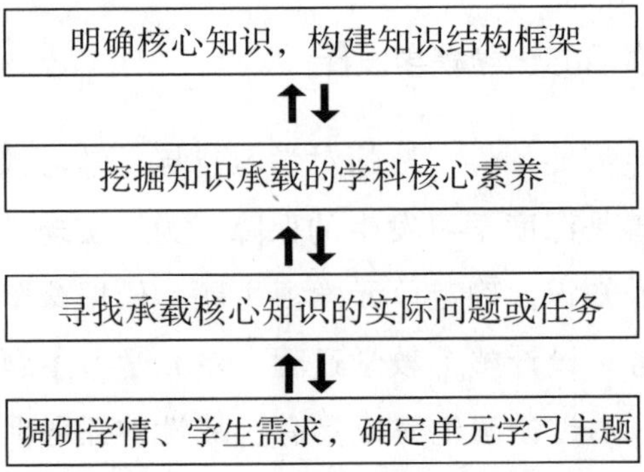

```
┌─────────────────────────────────┐
│  明确核心知识，构建知识结构框架  │
└─────────────────────────────────┘
              ↑↓
┌─────────────────────────────────┐
│   挖掘知识承载的学科核心素养     │
└─────────────────────────────────┘
              ↑↓
┌─────────────────────────────────┐
│  寻找承载核心知识的实际问题或任务 │
└─────────────────────────────────┘
              ↑↓
┌─────────────────────────────────┐
│ 调研学情、学生需求，确定单元学习主题│
└─────────────────────────────────┘
```

图1　确定单元学习主题的思路流程

具整合性的知识结构框架，属于更高水平的知识框架。越高水平的知识框架，包含的不同维度的内容越多，越能反映学科本质和学科思想方法。教师不仅要关注教科书中某节（课题）的具体知识，更要关注整章（单元）的知识，挖掘不同节、章之间教学内容的关系，重视生活实际、科学探究与化学知识间的联系，关注与其相关的化学课程标准的其他内容专题，例如化学与社会发展、科学探究等。

2．挖掘知识承载的学科核心素养

深度学习的目标不仅仅是让学生获得核心知识，更要让学生获得学科核心素养的发展。也就是在知识学习的基础上，发挥知识的育人价值。核心知识是有功能的，能够承载化学学科核心素养，越是核心的知识，越具有教育价值。

如何挖掘知识的教育价值？需要知道学科核心素养有哪些，结合具体知识再进行深入分析。构建出的知识结构有助于挖掘知识的教育价值。例如，构建出初中化学金属主题的知识结构，有助于挖掘出金属内容承载的研究一类物质性质的思路方法，属于"科学探究与创新意识"核心素养的发展点。如果构建的知识结构包含了材料维度，就能进一步挖掘出金属性质与材料的关系，体现出材料问题分析的基本框架，体现出从化学视角分析金属材料选择和使用的思路方法。如果知识结构整合了物质制备及其使用与环境、社会的关系，就能够挖掘出金属内容承载的"科学态度与社会责任"核心素养，通过分析金属矿物的开发和金属材料的使用给环境、人类健康、社会发展带来的影响，可以帮助学生学会权衡利弊，分析实际问题时结合可持续发展价值观念，锻炼做决策的能力。

3. 寻找承载核心知识的实际问题或任务

情境化的教学更能够培养学生的化学学科核心素养，体现知识的育人价值，也更能体现知识的应用价值，培养学生的问题解决能力，具有驱动力和挑战性。因此，明确知识结构，确立知识承载的学科核心素养之后，还需要寻找承载知识的问题或任务，特别是学生感兴趣的热点问题以及学生身边需要完成的实际任务。例如，金属相关的实际问题包括：易拉罐材料的选择与使用、不锈钢保温杯的选择与使用、合理使用金属制品等。

4. 调研学情、学习需求，确定单元学习主题

教师通过对学生的访谈或调查问卷，了解学生感兴趣的与核心知识相关的实际问题和任务，考虑学生的问题解决能力，进而确定单元学习主题。例如，结合日常生活中与金属材料密切相关、学生感兴趣的问题——易拉罐材料的选择和使用，进而确定单元学习主题为：为我的易拉罐材料代言。这一主题属于实际问题解决类学习主题。实践表明，这类单元学习主题学生非常喜欢，主题名称彰显挑战性和驱动性。

如何诊断单元学习主题是否合适？好的单元学习主题往往涵盖核心知识，体现知识结构框架；有稳定的认识领域和研究对象，需要一定的认识角度和思路；有真实的客观存在或应用；与其他内容专题具有实质性联系，具有复杂性和综合性，承载全程持续学习；学生感兴趣，具有驱动性，可实施。好的单元学习主题名称彰显挑战性或体现化学学科核心素养。例如基于证据探索物质世界构成的奥秘，从化学视角分析解决环境问题——酸雨，基于模型系统分析电化学复杂问题等。

（二）确定单元学习目标

深度学习的学习目标与常规学习目标的相同点是：知识目标符合化学课程标准和教材的基本要求，基于学生的已有基础。

深度学习的学习目标，以核心知识为载体，指向学生对学科思想和方法的理解，指向迁移应用所学知识和方法解决问题的能力；关于学科思想方法和核心素养方面的目标，不是泛泛而谈，而是具体明确、可探查的；知识、

方法、观念、能力等各维度是整合、紧密结合在一起的。一般通过主要活动或问题解决，获得核心知识，建立解决问题的思路方法，培养必备品格和正确的价值观念。

确定单元学习目标时，要将单元学习主题承载的化学学科核心素养具体化，要把知识、方法、能力、观念、态度等整合起来。思路流程如图 2 所示。

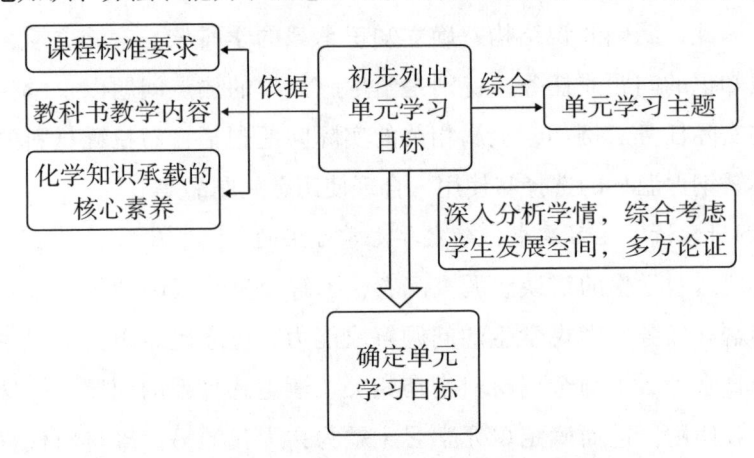

图 2　确定单元学习目标的思路流程

1. 初步列出单元学习目标

依据课程标准要求和教材中的教学内容，依据化学知识承载的核心素养，结合单元学习主题，初步列出单元学习目标。化学课程标准中的内容标准规定了课程内容及其基本要求；教材给出了具体的教学内容，通过单元学习主题对教学内容进行了重组和整合，明确了需要落实的化学学科核心素养；结合单元学习主题，将核心素养具体化。教师要将课程标准、教材、单元学习主题三者相互结合，综合分析，初步列出单元学习目标，特别是化学学科核心素养层面的具体学习目标。

2. 确定单元学习目标

结合学情分析，综合考虑学生发展空间，多方论证，确定单元学习目标。由于深度学习非常强调学生在学科核心素养方面的发展，制订学习目标要明确具体的学科思想方法。这就需要了解学生的已有观念、方法、能力、素养水平，在此基础上，才能确定通过单元学习主题教学期望学生发展达到的水平。由于以往教师更多关注的是学生在具体知识方面的学情，因此需要通过访谈、问卷等方法确定学生在观念、方法、能力、素养方面的已有基础。最后，再综合考虑学生发展空间，确定核心素养方面目标的具体内容及学生现阶段的核心素养水平，进而确定单元学习目标。

（三）整体规划单元学习主题的教学

确立单元学习主题和单元学习目标之后，教师要进行单元学习主题的整体规划，综合考虑问题解决过程、知识逻辑顺序、学生的认知发展、学生的能力发展。单元学习主题教学的整体规划一般分为三个阶段：设计问题；规划课时及课时安排；系统审视，优化设计。整体规划流程如图3所示。

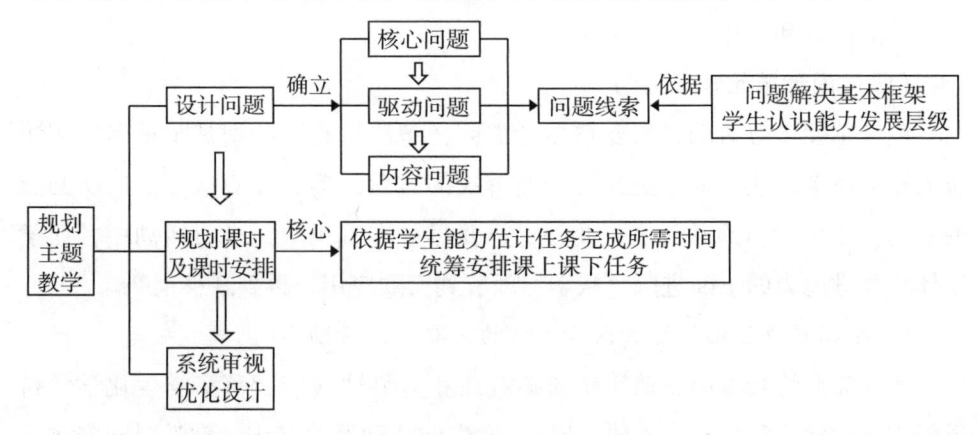

图3 主题教学的整体规划流程

1. 设计问题

拆解任务，设计问题，包括确立主题的核心问题、驱动问题和内容问题。依据单元学习主题，拆解任务，确立核心问题，然后依据解决核心问题的基本框架、学生认识能力的发展层级设计驱动问题。核心问题是主题的关键问题，驱动问题一般具有普适性和开放性，符合完成主题教学的基本思路和框架，值得不断探究，能激发学生的好奇心，并且需要高层次思维。

2. 规划课时及课时安排

首先，依据学生能力估计任务完成所需的时间，进而规划每个任务的课时及课时安排。尽可能通过单元学习主题涵盖主要的教学内容，实在无法纳入主题中但需要掌握的零散知识点，可以在单元学习主题教学的不同阶段进行专门的梳理。然后，确定每课时需要完成的任务，明确具体问题、知识、活动、素材等。在该阶段需要统筹安排课上和课下任务，确保需要教师指导的核心活动在课上进行，学生可以自主完成的任务在课下完成。课下任务是课上任务的延伸或者为课上任务提供基础。

3. 系统审视，优化设计

再次检查确认：是否涵盖了化学核心知识；是否围绕单元学习主题，合理设计了驱动问题；是否将教学内容与问题解决进行了较好的融合；是否体现了解决问题的思路和框架；是否提供了适合于学生化学学科核心素养发展的活动；课上课下任务安排是否合理且有可操作性。根据发现的不足，进行教学设计的改进和优化。

（四）设计单元学习活动

设计单元学习活动，需要整体考虑问题解决过程，特别是驱动问题解决所需要的活动，让学生真正经历问题解决的过程，确保核心素养发展所必要的活动，注重活动的开放度。此外，还要尽量在整个单元学习活动中，让学生体验关键能力的不断进阶，从学习理解到实践应用，再到迁移创新。

1. 根据解决驱动问题和内容问题的需要设计活动

教师需要综合考虑驱动问题的必需性和重要性（能否落实学生化学学科思想方法的建构和核心素养的发展）、学生的活动经验基础、教学时间安排等确定活动形式。越是需要建构问题解决能力的问题，越需要学生通过探究、研讨等活动形式经历自主解决问题的过程；越是重要的化学核心知识，越需要学生经历探究、研讨等活动形式，亲自经历知识的建构过程或者问题解决过程。不要盲目地让学生查找资料或者做主题汇报，而应分析资料查阅或者主题汇报能让学生收获什么。如果仅仅能让学生获得事实性知识，就需要谨慎使用了。

2. 确保核心活动的重要地位和实施空间

由于教学时间有限，教师需要分析活动的主次，确保核心活动的重要地位和实施的空间，确保核心活动的开放度，避免限制学生的实践性和自主性。重要的、需要教师指导的活动在课堂上进行，给学生充足的时间，次要的、学生能够自主进行的活动在课下进行。因为学科思想方法的获得，特别是化学学科核心素养的培育，需要学生真正自主进行活动，仅凭教师的阐述分析或总结提炼是不能将其直接内化为学生的能力或者行为的。

3. 统筹设计课上活动与课下任务

单元学习主题的活动设计，不仅要考虑不同课时的活动间的关系，满足整个单元系统的问题解决框架或者学生认识能力发展的进阶，还要密切考虑课上活动与课下任务的统筹安排，满足课上活动的需要与课后的延伸。例如，分析铁、铜、铝材料的成本这一驱动问题，需要在课堂上进行深入的探讨分析，教师先让学生课下自主查找资料，从成本的角度分析，选择铁、铜、铝中的哪种作为易拉罐的材料。该任务放在课下进行，既为课上研讨材料成本问题奠定了基础（学生初步具备了从金属材料成本分析的基本视角），又让学生在查找资料解决问题的过程中获得了一些基本的化学知识（铁、铝、铜的制备方法等）。此外，也为课上的研讨提供了一些基本资料。这种课下任务的设计既与学习目标一致，又具有驱动性，还能够服务于课上活动，增强课上活动学生参与的积极性和思维的深刻性，很符合深度学习活动的特点。

4. 结合多个方面综合考量活动的质量

为了确保活动的适宜性，需要对设计出来的活动从多个方面进一步考量：重要的活动是否与深度学习目标相契合；是否让学生参与了挑战性任务；重要活动是否给予了充足时间，是否让学生进行了充分实践或者完整体验；课上课下活动是否有机结合，分配和衔接是否合理；在整个单元学习主题中，学生是否经历了多样化的活动形式；每个活动的目的与内容、形式与组织、素材选取与使用是否匹配，例如，根据需要确定是否让学生进行资料查阅或主题汇报，避免盲目地让学生参加活动。活动的目的是解决问题，需要根据问题的类型和解决问题的目的，选择适宜的活动形式。总之，应该讲解的时候，要讲解得清楚、到位；该指导示范的时候，要指导得清楚、示范得清晰；该让学生探究的时候，要让学生进行充分的探究。

（五）设计持续性评价

持续性评价是指对整个单元学习主题教学过程都要进行评价，包括教学前、教学中的重要环节和教学后。持续性评价的内容既包括核心知识，又包括化学学科思想方法、问题解决能力、必备品格和价值观念等。在单元学习主题教学中，学生的发展是通过一系列的学习活动逐渐进阶的，教师通过持续性评价不仅要诊断学生的素养水平，还要通过活动中的过程性评价促进学生核心素养的进阶，并且依据学生的表现调整教学进程及活动。要达成上述目的，需要对持续性评价进行整体规划，设计持续性评价方案，具体包括评价目标、评价标准、评价任务、评价方式与评价工具。单元学习评价方案设计的思路和流程如图4所示。

依据单元学习目标确定评价目标 ⇒ 依据评价目标确定评价标准 ⇒ 依据评价目标和标准确定评价任务 ⇒ 依据评价目标和标准及任务确定评价方式与评价工具

图4　单元学习评价方案设计的思路和流程

评价目标与单元学习主题、学生化学学科核心素养发展目标要一致，评价标准指向化学学科核心素养具体内涵的活动表现，评价任务对应单元学习活动，评价方式要多样化，可以是教师和学生的即时点评，可以是教师的阶段性总结评价，也可以是依据评价工具的活动表现评价等。

针对核心活动的评价需要结合一定的评价工具——评价量表，可以是教师的观测量表，也可以是学生的自我检查清单。设计观测量表，要根据评价目标和评价标准进行等级细化，找到区分水平的行为表现差异点，确定等级指标，以便于观测评量。学生的自我检查清单的设计，需要遵循导向性和过程性原则，能够反映学生活动中的关键要素，引导学生积极的活动表现，促进学生自我反思。

在设计单元学习评价方案时，还要预设学生的表现，进一步设计指导反馈的内容。与活动相融合的评价，需要教师关注如何对学生进行即时的反馈和指导。既要通过评价反馈帮助学生概括问题解决的思路或者角度，还要通过追问引导他们发现自己思维或者问题解决思路方法中存在的不足。在提前预设的基础上，教师应结合课堂上学生的真实表现，进行针对性的评价反馈。

三、指向深度学习的化学教学实施

教师在实施深度学习时，经常面对如下问题：即使设计了多样化的学习活动，但在实施时却变成了教师的启发讲解，没有让学生充分实践体验；因为让学生充分探究和体验，导致课上时间很紧张；学生呈现了丰富多彩的表现，教师不知如何对学生的表现反馈评价；课堂上出现了较多与预设不一样的情况等。面对这些问题，教师需要具备一些基本的应对策略，更需要通过教学实践，逐渐养成实施深度学习的教学观念和教学行为习惯。

（一）实现学生的充分实践体验，让学生亲历问题解决过程

教师需要思考是否让学生真的活动，是否提示问题解决的角度和思路，是否示范问题解决的角度和思路，这是教学开放度的重要指标。虽然教师在备课中已经对单元学习主题教学进行了规划，并不代表学生一定要按照教师规划的进行，教学要充分体现学生解决问题的自主性。

（二）充分预设与生成

教师要预设和捕捉学生核心素养的行为表现，根据学生的实际，及时调整教学活动。由于深度学习强调学生的自主体验实践，开放性比较大，与教学预设不一致的"意外"情况发生的概率较大。为了能够及时应对"意外"，顺利开展活动，在活动实施之前，教师需要做到精心备课，根据学生的知识和能力基础、思维发展水平，从学生视角分析核心活动，提前预设学生可能出现的问题，并想好对策。对于临时出现的"意外"，教师要分清主次，明确每个活动要达到的目标，将学生的行为与活动目标进行关联，做出应对，不要被"意外"牵着走。教师需要不断地积累和反思，丰富学科知识、总结实施开放性活动的经验，才能运用简明、学生能够理解的语言对超出范围的问题进行解释。

（三）实现深度互动

提供学科核心素养发展所需要的资料等，开展对话、追问，让学生的思维过程外显。信息技术能够提高交流的效率和深度，可以给学生提供多样的展示方式和途径，学生可以运用PPT、视频、微信群、公众号等多种方式展示学习成果和作品，生生之间的充分交流、深度研讨，甚至相互评价也成为了可能。单元学习主题教学中，需要丰富的学习资源，包括实际问题的素材、真实的场景图片，问题解决需要的资料等，这些都可以通过信息技术手段来提供，可以运用PPT、公众号等方式让学生更加直观地获得信息。教师还需要不断积累经验，明确如何开展针对性的追问和引导，外显学生问题解决的

思维过程，培养学生的关键能力。

（四）指导与讲解到位

教师要进行必要的示范，呈现相关的资料、证据，给予学生针对性的反馈评价，外显和提升解决问题的方法和思路。教师需要真正了解学生，明确学生在问题解决和学习过程中的障碍和困难，针对核心素养发展的需要，给学生提供问题解决的资料和方法支架。对学生在问题解决过程中的表现，给予针对性的评价反馈，让学生更好地了解自己的优势和存在的不足，促进学生核心素养的持续进阶。

深度学习强调以任务和问题解决为依托组织教学内容，以学生为主体开展教学活动，以多样化方式和策略展示学习成果。这些都要求教师熟悉问题解决教学、主题教学、项目式教学等教学方法，要求教师自身具有综合解决问题的能力，具备创设学习环境、组织和管理课堂等各方面的教学策略和教学行为。需要对教师在教学过程中的角色进行重新定位，教师不再仅是知识的传授者，更是活动开展的组织者、引导者、咨询者和评价者。教师固有的教学行为和习惯会在一定程度上影响深度学习的实施，这就需要教师在教学改进中，逐渐改变教学理念和教学行为，设计和实施真正促进学生核心素养发展的深度学习。

体现深度教学理念的大单元教学设计

王云生[①]

目前,深度学习的教学理念日益为基础教育界所接受。深度学习相对于表面学习、浅层学习而言,要求学习者在学习目标的理解与达成、对所学知识的理解、对学习价值的追求、学习过程和学习方式的优化等方面能达到一定深度。

对于科学文化知识的深度学习,学习目的要高远,目标要明确。学习者要了解知识的产生过程,知其然且知其所以然;要了解知识的价值和运用,以及已有知识的局限性和发展趋势。唯有如此,学习者才能理解人类文化的精粹,使自身得到发展,整体素养得到提高,在工作和研究中有所发现、有所创新。华东师范大学的崔允漷教授指出,"深度学习必须借由深度教学实现""深度教学为学生深度学习搭建支架,是培育学生核心素养的重要实践路径"。

在教学实践中学习、理解、践行深度教学的理念,探索大单元教学的设计和组织,是课堂教学改革的重要课题。

一、体现深度教学理念的大单元教学

(一) 体现深度教学理念的大单元教学的基本特征

深度教学关注学生关键能力、必备品格的培养和正确价值观的形成;深度教学需要超越单纯、孤立、点状、碎片化的基础知识和基本技能的传授,要求教师帮助学生理解知识的形成过程,让学生通过学习,建构和完善结构化的知识体系;深度教学重视让学生通过实践性的学习活动,体验知识的感知、内化和运用;深度教学要求教师关注学生在不确定情境中认识、解决真

[①] 王云生,福建师范大学基础教育课程中心研究员,福建教育学院化学教学研究所研究员、特级教师。

实问题的能力的培养和提高；深度教学要求教师整合学科内的知识或不同学科的相关知识，在育人目标的统领下整合知识与经验、生活与学科的关系，设计和组织大单元教学。体现深度教学理念的大单元教学具有如下基本特征。

1. 具有统领教学设计与组织的统摄中心

大单元教学的统摄中心，可以是学科大观念，学习大项目（大任务、大问题）。统摄中心是依据课程目标规定的学习内容，参照教科书，基于学科核心素养的培育目标来确定的。它是大单元教学的灵魂，可以使课堂教学有效践行学科核心素养的培育。如果大单元教学没有统摄教学的中心，只是将完整的学科体系或主题分解重组，按学科的知识逻辑开展教学，就难免停留于对知识点的文本解读，把学科教学变成碎片化的点状知识的堆积，把学科教学变成单纯的基础知识的传授和基本技能的训练。如此，学习就将浅表化。

2. 具有一个或若干个由教学统摄中心统领的、彼此间有紧密联系的、能体现学科知识建构的教学主题

依据教学主题选择的教学内容，要以学习目标为导向。符合课程内容逻辑、结构、主题的教学设计，要在统摄中心的指导下，整合生产生活实际与学科知识，文本知识与实践经验，知识技能传授与关键能力培养，整体设计、组织教学与评价活动实现教学评的一体化。

3. 教学过程要体现学科知识结构和知识表征、高阶思维活动、学科基本观点和基本方法三者的有机整合

要有意识地在教学设计中把学科知识结构和知识表征的掌握，学习过程中高阶思维活动的开展，学科基本观点和基本方法的体会有机整合起来。如果只是简单地依据自然事物及其变化的事实，人类生产活动与社会行为积累的经验的重组来设计活动，让学生在做中了解，学习前人发现和研究所累积的知识、技能，就难以通过教学实现学生整体素质的提高，深度学习也难以实现。

学科课程通过具有上述特征的若干大单元的教学，指导学生运用科学方法（包括所学学科的独特方法），运用逻辑思维和辩证思维，分析、综合学习内容。让学生获得结构化的知识，完善知识结构，提高思维能力，掌握信息获取、加工、创造和运用能力，从而提高学科核心素养。

（二）体现基于深度教学理念的化学大单元教学

以化学学科的教学为例，依据化学学科核心素养的要求，在教学中要以下列内容作为大单元教学的统摄中心：①引导学生学习从宏观上辨识物质的组成、性质和变化，从微观上理解物质的构成、变化的基本规律；②运用变化和平衡的观念看待物质及其变化；③运用证据推理和模型认知的科学方法探究物质及其变化；④正确运用化学符号系统与认知模型描述物质及其变化规律；⑤形成科学态度、创新意识和社会责任感。以这些统摄中心为指导，依据课程学习内容的要求确定若干学习大主题，组成一个学习大单元，构成化学学习内容的整体框架。

教师通过实施大单元教学，让学生在联系生活、生产实际的情境中，通过观察和实验，动手动脑，获取、加工有关物质组成、结构、性质、变化和运用的知识，形成认识物质及其变化的基本观念、化学方法和价值观。

例如，在中学化学学习的起始阶段，为了帮助学生了解自然界中的物质及其变化的基础知识，《义务教育化学课程标准（2011年版）》在学习内容要求中确定了"身边的化学物质"的一级主题，以"我们周围的空气、水与常见的溶液、金属与金属矿物、生活中常见的化合物"组成一个教学大单元，以常见化学物质的性质、变化和应用为主要教学内容，引导学生学习物质及其变化的基础知识，运用化学实验和探究学习的方法，与物质构成的奥秘、物质的化学变化、化学与社会发展等主题相配合，帮助学生初步形成物质的元素观、微粒观和变化观；了解物质和人类生存的密切关系，树立正确的价值观。

《普通高中化学课程标准（2017年版）》规定，高中化学必修课程包括"化学科学与实验探究""常见的无机物及其应用""物质结构基础与化学反应规律""简单的有机化合物及其应用""化学与社会发展"5个学习主题。这些学习主题都是教学的大单元。各个大单元中的若干学习主题具有下列统摄中心：①研究物质及其变化，通过实验和观察辨识物质的形态和变化的宏观现象，能从微观层面理解组成、结构和性质的关系，能运用符号表征物质及其变化；②物质的变化是有条件的，要从内因和外因、量变与质变等方面来分析物质的化学变化，用联系发展、动态平衡的观点看待、预测物质的化学变化；③要通过观察、实验提出化学问题，运用以化学实验为主要手段的科学探究，研究物质及其变化；④学会运用证据推理，建构认知模型，运用高阶思维，研究、解释、解决化学问题，预测物质及其变化；⑤学习和研究科学问题要尊重事实证据，要独立思考，敢于质疑、创新。

国内外优秀的中学化学教科书设计编写的大单元教学内容，都十分注意把结构化的化学知识及其表征、学习过程的高阶思维活动、学科基本观点体会和对学科基本方法的了解有机地整合起来，为教师的深度教学提供了教学范例。

例如，英国 2013 年开始使用的，面向接受中学最后两年教育，以取得普通中学证书（GCSE）为目标的中学生学习的科学课程教科书，它的两种版本的新编教科书（提高本和附加本），在以深度教学理念指导大单元教学的学习主题的设计和组织上做了有益的探索。

在教科书《GCSE 高阶科学》（提高本）的化学篇中，设立了"空气的质量""选择材料""我们生活中的化学物：利益和风险"三个学习大单元。在"空气的质量"的主题中，引导学生通过探究发现地球大气层空气的宏观和微观组成及其对人类的重要性，人类活动向大气层排放的气体、烟雾灰尘对大气成分的影响，地球大气层的气体成分的演变等，帮助学生建构立体化的、动态的大气中的物质组成及其性质等化学基础知识。同时，教科书介绍了科学家是如何发现大气的成分及其变化的，引导学生探究空气污染及其发生的原因，学习如何运用调查、测量、数据统计方法获取、呈现空气质量、大气污染物及其来源，以检测和评价空气质量；引导学生学习并应用煤炭、石油、天然气等含碳燃料燃烧的化学知识解释说明人类活动如何影响空气质量，联系生物学和生理卫生知识，帮助学生认识空气质量和人们生活的关系，介绍现实生活中人们可以采取哪些措施来改善空气质量，并对这些措施做评价。其他主题的教学设计也同样是通过多种教学活动，帮助学生建构立体化、动态的化学知识体系，发展学生的证据推理和辩证思维能力，提高学生探究、描述物质及其变化的能力，让学生体会研究物质及其变化的基本观念和思想，通过扎实、生动活泼的学习活动提高学生的科学素养。

在教科书《GCSE 高阶科学·拓展》（附加本）的化学篇中增加了"化学

规律""大自然中的化学物质""化学合成"三个学习大单元，提高了对学生基础化学知识的学习要求，拓展了化学知识结构框架，进一步提升了学生的高阶思维能力，强化了化学观念思想的教育。在"大自然中的化学物质"大单元中，教科书安排了"大气层中的化学物质""水圈中的化学物质""岩石圈子中的化学物质""探测盐中的离子""认识有软有硬的碳的矿物""来自岩石圈的金属""了解金属的结构、寿命周期"7个教学主题。这些教学主题，以下列化学大观念作为教学内容的统摄中心：①物质组成、结构，微粒间作用力类型的多样性决定了物质存在状态、性质的多样性；②物质的性质和应用决定于它的性质；③不仅要定性地，还要学习用定量的方法研究物质的性质与变化；④人们利用掌握的化学知识既能保护环境，又可研究改进利用自然资源的方法。

教科书在各个主题的教学中，通过多种学习活动，帮助学生形成下列基本观念：物质结构决定物质的性质，物质的性质决定了物质对自然界及其变化的影响；可以通过调查、实验掌握物质及其变化的宏观现象，运用认知模型从微观视角研究物质之间的相互作用；人们掌握了化学知识，能够更深刻地认识物质及其变化，更合理地利用物质，保证人类生活的可持续发展。例如，在"水圈中的化学物质"主题中，引导学生通过观察、实验探究和发现水的物理、化学性质；应用水的分子结构模型，帮助学生认识水分子中和水分子间的化学键，使其能解释说明水为什么会具备许多对人类生活有重大意义的性质；通过实验探究水的溶解性，令学生知道水能溶解包括离子化合物在内的许多物质，使其能从水分结构的特点、水和物质间的相互作用，分析水为什么是优良的溶剂，为什么海水中含有多种盐，为什么水可以使岩石缓慢风化。

二、在教学实践中探索大单元教学的设计和组织

我国在第八次基础教育课程改革中制定了《义务教育课程标准（2011年版）》和《普通高中课程标准（2017年版2020年修订）》（以下简称"新课程标准"），依据新课程标准编写的学科教科书，依照素质教育和学科核心素养的培育要求，"更新了教学内容"，"重视以学科大概念为核心，使课程内容结构化,以主题为引领,使课程内容情境化,促使学科核心素养的落实",为体现深度教学理念的大单元教学提供了范例。在教学实践中探索依据新课程标准创造性地运用教科书,践行大单元教学,帮助学生体会、把握深度学习的实质,逐步养成深度学习的习惯,使学生学会学习,是课堂教学改革向深度发展的需要。

以苏教版化学教科书必修第一、二册为例,教材编写的教学内容共9个专题,其中的5个专题("从海水中获得的化学物质""硫与环境保护""氮与社会可持续发展""金属与人类文明""有机化合物的获得与应用")以氯、钠、硫、氮、铁元素及其化合物,简单有机化合物的性质、变化和应用知识为主题。这5个以元素化合物知识为主题的学习内容实际上构成了一个学习物质及其变化知识的大单元。这一大单元的统摄中心是:①通过以化学实验为主要手段的探究学习活动,学习物质性质与变化知识,提高探究学习能力,了解化学方法,养成科学态度;②体会物质组成、类别、结构与物质性质、变化的关系,了解物质化学变化的两个重要类型——氧化还原反应与离子反应,建构认识物质性质变化的基本思维框架;③了解怎样运用化学基础知识和基本技能理解、解释说明有关物质性质、变化和应用与环境保护问题,体会化学科学的价值。教学中,教师可以结合专题的学习内容,以这些统摄中心统领教学内容的分析、整合和重组,设计和组织教学,在帮助学生建构元素及其化合物知识结构的同时,促进学生学科核心素养的提升。

例如,在"氮与社会可持续发展"专题的教学中,教科书用图文展示了8个有关自然界、化学科学研究、化工生产、环境污染与治理的现实场景,设计了3个化学实验活动任务,提出了3项交流讨论与知识应用的任务,引导学生在紧密结合教学内容的鲜活教学情境中,参与实验、讨论,主动学习。在实际教学中,教师可以利用这些教学内容设计、组织教学,帮助学生理解掌握下述知识:了解和掌握自然界、科学研究与化肥生产中氮元素的固定、转化;了解氮元素的单质化合物性质变化与环境和人类生产生活的关系;认识化学家、化学工作者,学习以他们的思维方式进行化学探究和应用,如研究并利用氮气,氨、氮的氧化物,含氧酸,含氧酸盐等物质的性质和转化,以提高人类生活水平,保护、改善环境。同时,在学习过程中增进学生对化学学习研究方法、化学科学价值的了解，进一步增强学生掌握化学知识为社会可持续发展和人类的幸福做贡献的信念，培育学科核心素养。

依据体现深度教学理念的大单元教学的特点，大单元教学的设计、组织，一要从教学目标、教学过程、教学评价三个方面整体设计和实施教学，以目标为导向，通过对具有内在联结的内容进行分析和重组，提高教学效果。二要统整、协调主题中核心内容知识的学习要求，学习活动（包括要完成的学习任务、项目式学习、需要通过交流讨论解决的问题），学习过程的高阶思维活动，主题内容中蕴含的学科观点和方法的体会，使四者高度契合。三要考虑如何在教学中引导学生完整地掌握所要学习的学科知识的结构，包括：明确学习目标，把握学习主题；主动参与各种学习活动，完成学习任务；能反思评价学习效果，找到继续努力的方向；完成必要的课外学习活动。

大单元教学必须创设真实的学习情境，把真实情境与任务背后的"真实世界"纳入课程学习内容，以实现课程与生活的关联。学生对于知识的意义的感受与理解往往需要通过在真实情境中的应用来实现，对学生习得核心素养的评价也需要通过在真实的情境中完成某个任务来实现。

深度教学是实现深度学习的基础。深度教学要让学生在教师引导下，对知识进行"层进式学习""沉浸式学习""高阶思维的激发、投入与维持"。为此，教师要依据学生的身心发展水平和知识体系的逻辑结构，确定切实可行的教学目标，把学生带进真实的自然和社会情境中。通过渐进式的教学，逐步提高学生对科学文化理解的深度，使其知识结构趋于完善；逐步发展学生高阶思维能力，使其学习能力得到逐步提升；逐步深化学生对科学文化价值的认识，使其科学文化知识的运用能力、创新能力得到发展，在认识和实践两个方面显示出科学素养的发展与提高。

深度教学是教学的理念，不是具体的教学模式、教学方法，也不是评价一个单元教学、一节课教学效果的尺度。深度学习的深度，不是片面强调知识学习的深度和广度。基础教育阶段的课程教学，学习目标的深度和广度需要与学生的身心发展程度和一定的学习阶段相适应。要遵循认识规律，要依据课程标准、学习者的身心发展水平和已有知识基础来确定教学目标和达成的深度和广度。

参考文献：

[1] 崔允漷. 深度教学的逻辑：超越二元之争，走向整合取径［J］. 中小学管理，2021(5)：22-26.

[2] 中华人民共和国教育部. 义务教育化学课程标准（2011年版）［M］. 北京：北京师范大学出版社，2012.

[3] 中华人民共和国教育部. 普通高中化学课程标准（2017年版2020年修订）［M］. 北京：人民教育出版社，2020.

[4] 仲新元. GSCE高阶科学［M］. 上海：上海教育出版社，2018.

[5] 郭元祥."深度教学"：指向学科育人的教学改革实验［J］. 中小学管理，2021(5)，18-21.

指向素养养成的化学深度学习

——"保护珊瑚礁——水溶液中的离子平衡主题复习课"例析

陈　争[①]

《普通高中化学课程标准（2017年版2020年修订）》明确提出要培养学生的化学学科核心素养，通过中学化学课程的学习，帮助学生形成"宏观辨识与微观探析、变化观念与平衡思想、证据推理与模型认知、科学探究与创新意识、科学态度与社会责任"五个方面的化学学科核心素养。

为体现学科育人的价值导向，必须改变传统的以知识为主体的教学方式和理念，探索适合学生素养发展的教学形态。"深度学习"是一种基于理解的学习。教育部基础教育课程教材发展中心"深度学习总项目组"将其界定为：在教师引领下，学生围绕着具有挑战性的学习主题，全身心积极参与、体验成功、获得发展的有意义的学习过程。在这个过程中，学生掌握学科的核心知识，理解学习的过程，把握学科的本质及思想方法，形成积极的内在学习动机、高级的社会性情感、积极的态度、正确的价值观。该定义通过"挑战性的学习主题"明确教学要有核心活动，确保学生思维的深度，通过"全身心积极参与、体验成功"界定学习过程中学生参与的思维深度和情感深度，通过"获得发展"界定学习结果的深度。可见，深度学习是促进学生核心素养发展的有效途径。

深度学习的四个要素是学习目标、挑战性学习主题、深度学习活动和持续性学习评价。实施深度学习，关键是打通这四个要素的内在关联并加以落实。

本文以"保护珊瑚礁——水溶液中的离子平衡主题复习课"为例，从学习主题的设定、学习活动的实施等方面，探析在化学课堂上实施深度学习的策略。

[①] 陈争，北京一零一中学化学特级教师。

一、学习主题的设定

要想让深度学习成为可能，首先需要寻找到一个合适的主题，这个主题的特点是具有挑战性和复杂性，问题情境要真实，问题的解决过程能体现学生高阶思维活动。寻找和设置这样的学习主题，应该从社会热点、生活实际等方面去寻找，结合化学学科学习要求的几方面进行思考。学习主题设计模型如图1。

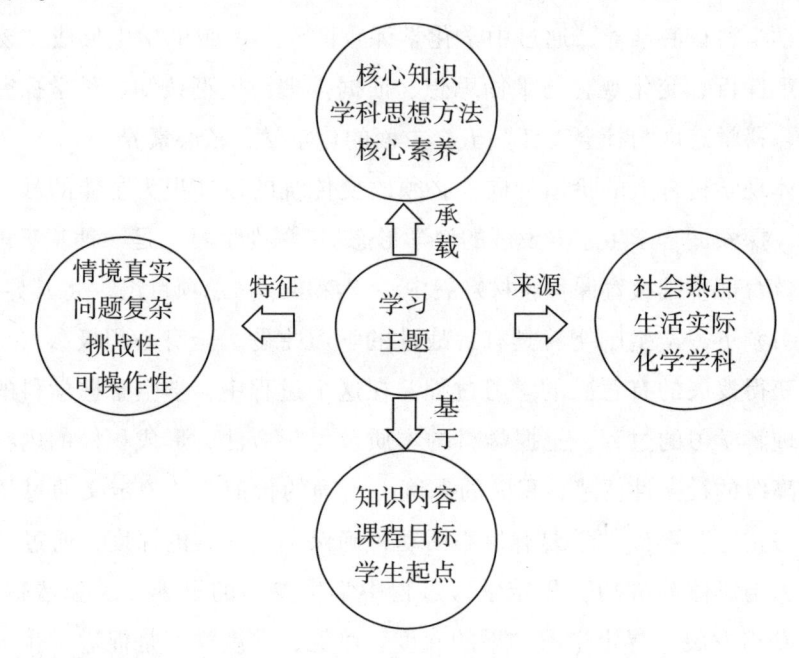

图1　学习主题设计模型

就"保护珊瑚礁——水溶液中的离子平衡主题复习课"这节课来说，学科知识要求是对水溶液中的离子反应与平衡进行复习。课程标准的要求是，一方面学生通过对水溶液中离子反应与平衡的分析，形成并发展微粒观、平衡观和守恒观；另一方面，结合宏观现象、实验数据等证据素材，引导学生形成认识水溶液中离子反应与平衡的基本思路。

作为单元的复习课，学生在复习过程中不仅需要完成对本章的知识进行梳理和使零散的知识结构化的学习任务，而且需要在学习的过程中实现从对单一平衡的孤立分析到多重平衡体系的系统分析的认识进阶，并且能够形成分析较复杂的水溶液中平衡问题的系统认识思路，建立认识模型。其中，认识模型应该包括认识角度和认识路径。那么，我们创设的复杂问题平台就应该具有这样的功能，提供全部的认识角度，使学生能够通过学习找到认识路径。

海水是一个比较复杂的水溶液体系，在海水的环境系统中能产生很多应用水溶液中离子平衡的实际问题，珊瑚的形成这个素材在课程标准中被明确提出。对珊瑚的素材进行研究，发现这一素材包含了丰富的教学价值：

（1）可拆解性。首先将珊瑚的形成、破坏、保护拆解成三个问题来解决和研究。

（2）综合性。在问题的研究过程中需要用到水溶液中离子平衡的所有类型。

（3）相关性。在形成和破坏的过程中都有多个相关联的平衡移动，可以对学生的平衡观和变化观做进一步的探查评价，促进其思维进阶。

（4）典型性。系统足够典型，就是用熟悉的重要的基本反应，在复杂的体系中建立联系，从而形成水溶液中离子平衡分析的认识模型。

（5）可操作性。在活动设计中有可操作的实验，能够提供给学生的证据可以从简单的实验现象发展到精确的实验数据，发展学生应用事实证据进行推理论证的能力。

因此，无论是在学科知识上，还是在学科思想和问题解决能力上，这一学习主题对发展学生的化学核心素养都具有丰富的教学价值。

二、学习活动的实施

通过深度学习，学生能否把零散的碎片化的知识加以整合，实现知识的结构化，能否在面对复杂问题时，主动拆解问题，进行系统思考，实现认知方式的结构化，是能否从获取知识转向发展素养的深度学习的关键。

如何实施深度学习的课堂教学呢？这需要教师不断地为学生搭建有利于实现认知结构化的思维平台。设计思路如图2。

（一）任务设计指向学生的认识角度和解决问题的思路

教师设置的学习任务落点不是任务达成或者完成任务所需的知识。任务

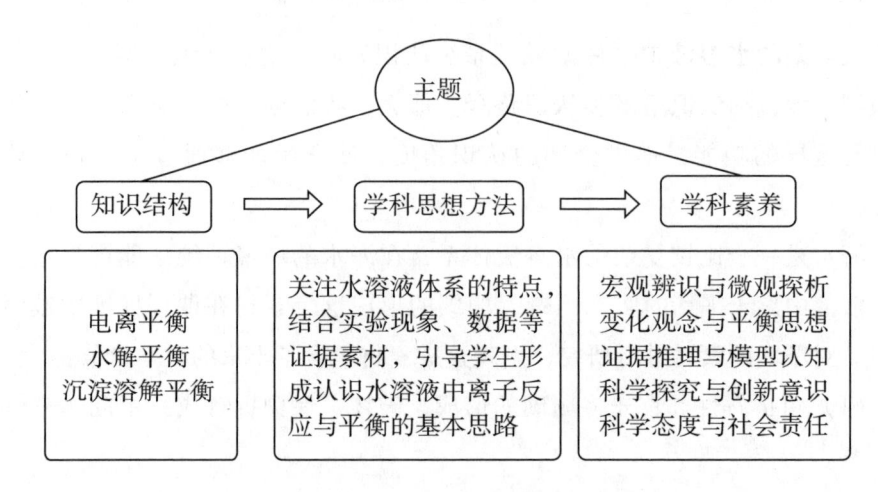

```
                    ┌──────┐
                    │ 主题 │
                    └──────┘
           ┌───────────┼───────────┐
           ▼           ▼           ▼
      ┌────────┐  ┌──────────┐  ┌────────┐
      │知识结构│⇒│学科思想方法│⇒│学科素养│
      └────────┘  └──────────┘  └────────┘
```

| 电离平衡
水解平衡
沉淀溶解平衡 | 关注水溶液体系的特点，结合实验现象、数据等证据素材，引导学生形成认识水溶液中离子反应与平衡的基本思路 | 宏观辨识与微观探析
变化观念与平衡思想
证据推理与模型认知
科学探究与创新意识
科学态度与社会责任 |

图 2 深度学习活动设计思路

指向的是学生系统化思考的认识角度，注重问题解决的思路，学生的行为是教师为其搭建的思维平台的外在表现。

这节课的任务由一段视频引出：人类无限制地进行碳排放，温室效应使环境温度升高导致大量珊瑚白化、死亡，同时二氧化碳排放过多导致海水酸化使珊瑚礁难以钙化甚至溶解。珊瑚礁大量死亡是环境被破坏的一个缩影，拯救珊瑚礁的深远意义在于拯救人类赖以生存的环境。

视频渲染出一种人类面对环境被破坏时深切焦虑的情绪，激发学生关注社会，认识到学习化学的实际价值，为提出任务做好心理铺垫。学生通过观看视频，提取信息，思考如何完成拯救珊瑚礁的任务。学生需要把真实情境问题转化成化学问题，并提出自己的系统研究问题的角度和设想——需要学习哪些知识，需要从哪些角度去研究？

珊瑚礁是怎么形成的？珊瑚礁被破坏跟温室效应有什么关系？如何保护珊瑚礁？这三个实际的具体问题，是一条暗线，指向学生形成"是什么？为什么？怎么办？"的系统思考的角度。

（二）活动实施促进学生深度思维的发展，实现认知结构化

问题解决是学生进行深度学习的载体，但是解决问题仅仅是学生外在的行为表现，应该把学生认知的发展、思维品质的提升作为一条暗线贯穿问题解决的始终。布局这样的一条线索，需要教师充分了解学生的认知起点，明确学生认知终点，为其提供恰当的环境，让学生主动构建认知发展路径。教

师还要尊重学生的思维习惯，不要急于把自认为正确的逻辑强加于学生。学生只有发现自己思维的障碍点，自我调整，建立符合自己习惯的思维逻辑，才能真正进行深度的思维活动，形成认知的结构化。

1. 探查认知障碍，定性建构认识模型

了解学生的认知起点和思维障碍，不能只凭借经验，而要基于学生真实的反馈以及对反馈的分析。针对学生的障碍点，教师要给予适当的支持。

在分析珊瑚礁是如何形成的活动中，教师为学生提供了一些资料：正常海水的 pH 值、海水的成分表、水溶液中含碳元素的微粒百分含量随 pH 值变化的图像。要求学生根据资料推测珊瑚的形成过程。经过讨论，学生有 3 种观点。观点 1：海水中的 Ca^{2+} 和 CO_3^{2-} 反应直接形成的；观点 2：海水中的 Ca^{2+} 和 HCO_3^- 反应形成的；观点 3：两种可能都有。

在讨论的过程中可以观察到，学生的表现各有不同。有的学生用物质的知识和曾经学过的化学反应方程式来分析，不能明确指出海水中的微粒种类和珊瑚形成的关系，其原因是没有建立微粒观。有的学生具有了一定的微粒观和平衡观，但是缺少变化观，这类学生能根据海水中粒子的种类，寻找海水中存在哪些平衡，但不能判断这些平衡之间存在怎样的联系。还有的学生能根据海水的 pH 值判断海水中重要离子的数量关系，根据各种含碳元素的微粒百分含量图，确定微粒的数量，然后提出疑问或推测，因为 HCO_3^- 的浓度很大，有可能在钙化过程中会对碳酸钙的生成有贡献。但是几乎所有的学生都不能说出如果碳酸氢根参与了钙化的过程，平衡是怎样变化的，会有哪些现象出现。于是，需要教师设计实验。

模拟浓缩海水主要成分的溶液，将它们混合，观察现象并分析实验结果对自己的推测进行论证。这个设计意在让学生通过实验寻找相应的证据验证自己的预测，发展学生利用实验进行证据推理的素养。

实验 1：将按照海水比例浓缩的 $CaCl_2$ 溶液和 Na_2CO_3 溶液混合。

实验 2：将按照海水比例浓缩的 $CaCl_2$ 溶液与 Na_2CO_3 和 $NaHCO_3$ 的混合溶液混合。

在实验 1 中，学生观察到有很少量的白色沉淀生成。在实验 2 中，学生观察到有大量的白色沉淀生成，说明海水中的碳酸氢根对钙化作用起到了决定性的作用。但是学生并不能判断水溶液中平衡的移动。进一步观察后，学生发现实验2有气泡产生，有的学生解释是二氧化碳的生成，是碳酸氢根离子和氢离子生成碳酸的平衡移动带来的结果，碳酸分解产生二氧化碳，但是需要继续逆向寻找氢离子来源。有的学生找到了碳酸氢根电离的平衡方程式，分析出是碳酸钙的沉淀溶解平衡移动，导致了碳酸氢根电离平衡的移动，导致氢离子浓度增大和溶液中碳酸氢根离子结合。

在这个活动中分析学生的表现，可以发现，学生对平衡体系的分析停留在单一的、单向的层面。遇到复杂水溶液体系，只做了第一轮的判断就停止了。有的学生能判断出体系中氢离子浓度增大，但是氢离子浓度增大后，又会对平衡体系产生什么影响就不再考虑了。由此，教师可以明确学生认知发展的路径——要理解和处理复杂的水溶液体系的时候需要基于现象，对微粒和平衡及相互作用进行二次分析。

于是，教师引导学生自我建构认识模型，初步形成认识的结构化。

学生经过讨论，从珊瑚礁的形成过程中找到认识角度，先寻找体系内微粒的种类，然后寻找相关的平衡，最后结合宏观现象的证据确定平衡相互作用的结果。但是学生还没有形成认识路径，因此还要让学生不断反思每一个角度之间的对应关系：怎样确定海水中浓度最高的含碳微粒和资料中的哪些信息有关？它的浓度高给钙化作用带来怎样的影响？在思考这些问题的时候，你先思考的是什么？后思考的是什么？从定性分析到定量分析过程中，学生逐渐在认识角度之间建立联系，形成了有效的认识路径，最终在学生的头脑中真正形成对复杂水溶液中离子平衡分析的话语体系和思维逻辑。

2. 完善证据推理的链条，定量使用认识模型

学生虽然构建了认识模型，但在应用模型时往往不会把实验现象、实验数据转化成推理的证据，推理的链条是断裂的。教师要为学生创设机会，让学生实现知识结构和认识方式关联的同时，形成证据意识，不断完善逻辑推理的链条。

因此，教师提出新的问题：温室效应对珊瑚有什么影响？请设计实验证明你的观点（实验装置如图3，实验数据如图4）。请学生预测钙离子传感器、pH传感器和CO_2浓度传感器所描绘的可能会是怎样的曲线。

图中标注：钙离子浓度传感器　pH传感器　CO₂浓度传感器

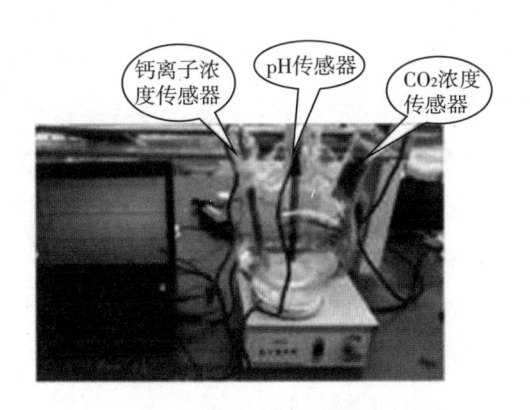

图3　传感器实验装置

钙 mg/L（纵轴数值：250、300、350）

CO_2 浓度（纵轴数值：2%、4%、6%、8%、10%）

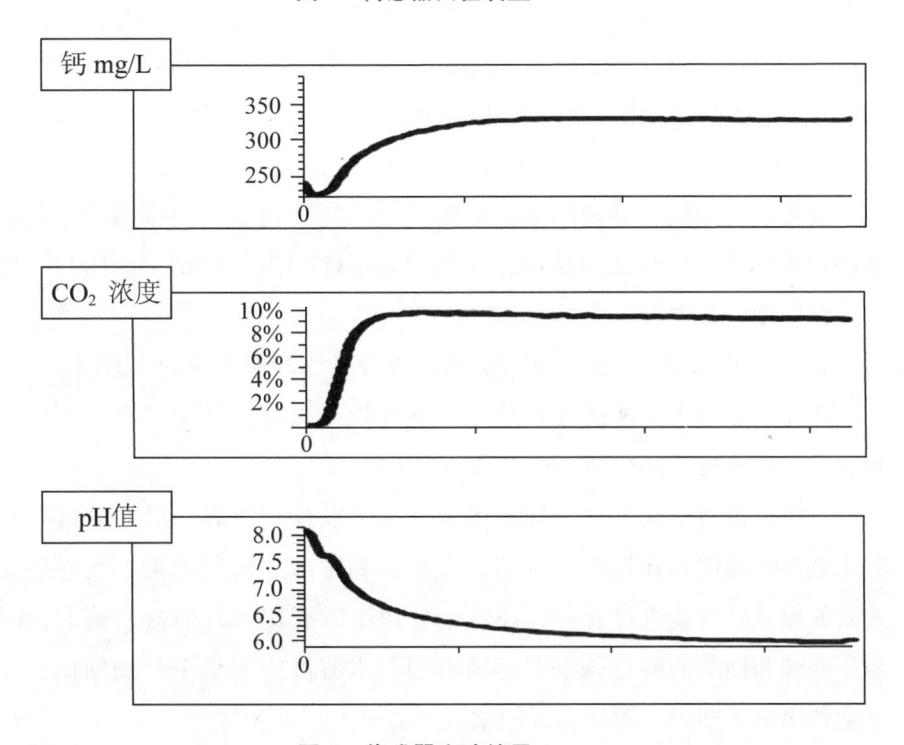

pH值（纵轴数值：6.0、6.5、7.0、7.5、8.0）

图4　传感器实验结果

经过观察发现，刚开始通入二氧化碳会引起钙离子浓度下降，随着pH值的下降钙离子浓度增大，直到pH值趋于稳定，钙离子浓度保持不变。说明相关的离子达到平衡状态。

学生们认为在这个过程中应该抓住几个核心的因素，即通过CO_2和pH值还有钙离子浓度的变化来观察温室效应导致海水酸化对珊瑚的影响。利用形成的水溶液体系认识模型分析温室效应加剧导致海水酸化，从而破坏珊瑚礁的原因。学生要找到导致海水酸化的物质是二氧化碳，找到二氧化碳在水溶液中的平衡关系，明确水中氢离子浓度增加会导致珊瑚礁溶解。

解释其原理：主导沉淀溶解平衡的是碳酸氢根的电离平衡。而电离平衡会产生两个结果，提供碳酸根和氢离子，所以这两个因素对于钙化作用是相互制约的。但是适量地增加二氧化碳是有利于钙化的。只有氢离子增加得过多，才会打破平衡，使沉淀溶解。

这是一个应用模型解决问题的过程。通过这个过程，学生对数据的相关因素进行分析和解读认识到，只有数据而没有合理的结论不是科学探究。在分析数据的过程中，将水溶液中的微粒和实际的现象相结合，通过微观分析实现对宏观现象的预测，并能够根据此证据提出创新的想法。

3. 优化认知结构，创新应用认识模型

能主动使用模型分析问题，说明学生已经内化了认识模型。在此基础上要进一步优化学生的认知结构，让学生输出模型内化的结果，使其解决问题的思路向创新性进阶。

教师提出问题，请学生通过分析材料设计拯救珊瑚礁的方案。

冰岛雷克雅未克地热电站研究人员将二氧化碳和大量的水注入地下深层的玄武岩中，使其转化为碳酸盐晶体。

学生分析讨论封存二氧化碳的方法。不能让它游离，最好的结果是将其转化成难溶盐储存在地球上，那么就可以利用沉淀转化原理。利用地壳的玄武岩的成分硅酸盐进行转化，在这个过程中需要比较硅酸盐和碳酸盐的溶度积、碳酸和硅酸的酸性强弱，都需要用到水溶液中离子平衡的知识，并且是主动调用化学知识来解释实际问题。

教师提出问题，请学生通过分析材料，利用水溶液中的离子平衡设计碳回收的方法。

科技日报讯：美国科学家开发出一种电解海水的新系统，既能提取海水中的二氧化碳又能生成氢燃料，同时产生的碱性物质可以抵消海洋酸化。学生根据信息参与设计一个利用电化学知识回收二氧化碳的过程。

为了实现这一目标，学生必须主动应用模型，通过逆向思维来设计复杂水溶液体系中离子平衡的移动，这样才能获得想要的实验结果，达到最终的目的。

在整个深度学习的过程中，学生通过教师设计的活动平台，经过分析解释和多次证据推理的过程，完善了自己的方案，从而进一步在实际应用过程中发展了对学科知识的认识，提高了问题解决的能力，提升了综合素养。

从课堂上学生回答问题时发生的变化，我们明显看到学生的认识从孤立的、定性的，不断向联系的、定量的方向转化，宏观辨识与微观探析、证据推理与模型认知素养逐步形成；学生在分析真实复杂问题时，思维能力也有所提升。

第三节 新型教学方式

指向素养发展的项目式学习教学
——以"可燃冰资源开发和利用"为例

康永明[①] 陈 颖[②] 汪美荣[③]

本案例是化学反应速率与限度的专题复习课。化学反应速率与限度是高中化学选修1"化学反应原理"模块的核心内容,学生需要通过专题复习,进一步体验调控和利用化学反应在生产生活中的广泛应用,同时也巩固他们在新课学习中建立的对化学反应的认识角度和认识思路。案例采取项目式学习的教学模式,将真实素材贯穿课堂教学的核心环节,让学生通过项目学习解决真实、复杂的问题。项目式学习使学生切身感受化学与生产、技术、环境的密切联系以及学习化学的意义,同时发展其变化观念与平衡思想、科学态度与社会责任、证据推理与模型认知等素养。

一、指向素养发展的教学设计

1. 项目式学习主题的确立

对于化学反应的方向、速率和限度这一内容,《普通高中化学课程标准(2017年版)》(以下简称"新课标")中指出,要求学生认识化学反应速率和化学平衡的综合调控在生产、生活和科学研究领域中的重要作用。在学业水平方面,新课标提出,学生需要能运用浓度、压强、温度对化学反应速率和化学平衡的影响规律,推测平衡移动方向及浓度、转化率等相关物理量的

[①] 康永明,北京市一零一中学教师。
[②] 陈颖,北京市海淀区教师进修学校教研员。
[③] 汪美荣,北京市一零一中学教师。

变化；能讨论化学反应条件的选择和优化；针对典型案例，能从限度、速率等角度对化学反应和化工生产条件进行综合分析。

可燃冰资源的开发与利用是能源领域的热点问题，我国在可燃冰资源开发方面取得了先进的成就。从化学的角度看，可燃冰资源的开发和利用涉及化工生产中对化学反应的设计、调控和利用，即通过控制投料比、反应物浓度、压强、温度、催化剂等反应条件实现对反应的调控，教学能够承载反应的方向、限度和速率等核心知识的功能价值，与新课标的要求相吻合。项目式学习过程中，学生扮演工程师，模拟建立工厂，利用元素观、原子经济性、反应方向等理论设计并优化可燃冰的转化方案，再从反应速率、反应限度等角度综合分析可燃冰的转化条件，完善工艺流程。

2. 单元教学整体规划

（1）教学目标的确定

对于化学反应的方向、速率和限度这一内容主题，新课标中也提出了相应的学业质量标准：能根据反应速率理论和化学平衡原理，说明影响化学反应速率和化学平衡的因素（水平3）；能结合生产和生活实际问题情境说明化学变化中能量转化、调控反应条件等的重要应用（水平3）；能从调控反应速率、提高反应转化率等方面综合分析反应的条件，提出有效控制反应条件的措施（水平4）；能依据化学变化中能量转化的原理，提出利用化学变化实现能量贮存和释放的有实用价值的建议（水平4）。

本案例根据学业质量标准提出了相应的教学目标：通过可燃冰的开发利用，明确温度、浓度、压强以及催化剂等对反应速率和化学平衡的影响；通过对资源的综合利用，从正面视角来认识化学，传播正能量，培养学生原子经济理念，提高学生环境保护意识；利用文献数据推论资源转化过程中的最优路径及最佳反应条件；通过设计可燃冰资源开发和利用的工艺流程图，思考物质转化和能量转化，实现物质与能量的循环利用。

（2）单元教学流程

本案例分为两个课时。第一课时以可燃冰（甲烷）合成气为素材，重点突出依据元素观、原子经济性、反应方向等理论选取反应物的方案，并从反应速率、反应限度等角度思考可燃冰的转化方案。第二课时以合成气制备甲醇为素材，从文献或者图表中提取有效信息，对可燃冰转化方案进行优化，设计并优化可燃冰的转化方案工艺流程图，梳理资源开发利用的一般思路和方法。

◎第一课时教学流程：

环节一：利用甲烷制备合成气，设计并选择化学反应。学生根据教师的不断追问进行头脑风暴，进而确定设计陌生反应的系统思路和视角，渗透变化观念素养。

环节二：探讨提高甲烷和二氧化碳制备合成气的生产效率。部分学生思考、讨论并分享自己的结果，其他学生进行补充，体会平衡思想。

环节三：画出甲烷和二氧化碳反应的工艺流程图。学生动手画工艺流程图并交流汇报，渗透宏观辨识与变化观念。

◎第二课时教学流程：

环节一：设计合理方案提高 $CO + 2H_2 \rightleftharpoons CH_3OH$ 反应的生产效率。要求学生从提高反应速率和转化率两个角度入手，设计方案，考虑温度、压强、浓度、催化剂的选择，渗透模型认知与平衡思想。

环节二：结合图表信息，选择最佳的条件，对工艺进行优化。要求学生从数据中提取有用信息，选择最佳温度、压强、催化剂以及投料比，并进行分析解释，着眼证据推理与科学精神的培养。

环节三：画出以甲烷为原料，合成甲醇的工艺流程图。要求学生设计具体的工艺流程图，关注气体投料比、产物分离、反应物循环利用、绿色环保等问题，发展宏观辨识与变化观念。

环节四：讨论工艺流程中对能量方面的思考，设计优化反应的投料比。要求学生创造性地思考能量转化等问题，培养创新意识与社会责任。

二、核心环节的教学实施过程及效果

本案例选择可燃冰的开发与利用为情境素材，让学生模拟建立工厂。学生扮演工程师，设计并选择反应，实现可燃冰的转化，并根据相关理论知识选择合适条件，对工艺流程进行优化。本文挑选三个核心环节展开。

1. 设计并选择甲烷制备合成气的反应

【教学片段】

情境：播放视频《新能源可燃冰的开发》。

教师：现在假设同学们都是工程师。如果我们想开一个以可燃冰为原料的工厂，怎么利用可燃冰中的甲烷？

学生交流、讨论，得出结论：物质转化和能量转化。

教师：甲烷比较稳定，直接转化成化工产品比较困难，一般先转化成合成气 CO 和 H_2。如何把 CH_4 转化为 CO 和 H_2？请你寻找合适的反应物来实现转化。

学生：可以选择 CO_2、H_2O、O_2、H_2O_2、CaO 等物质。

教师：为什么选择这些物质？

学生：因为这些物质含有氧元素。

教师：也就是说我们在设计化学反应的过程中要关注到元素守恒问题。现在请你进一步缩小反应物的范围，你会留下哪些反应物？

学生：CO_2、H_2O、O_2，因为这些物质比较容易得到。

教师：非常好，我们还关注了原料的来源问题。其实我们也可以从原子经济性的角度来思考，尽可能提高原子利用率。

教师：CH_4 与 CO_2、H_2O 或 O_2 反应发生的可能性如何？

追问：你还需要什么样的数据支持？你的依据是什么？

学生通过信息给出的 ΔH 和 ΔS 数据，计算 ΔG 判断反应的可行性。

此环节是第一课时的环节一，帮助学生梳理在设计陌生反应遇到问题时，应该从什么角度去思考与解决，落实元素守恒、原子经济性、原料来源、反应方向等认识角度。

2. 选择合适的反应条件

【教学片段】

教师：请根据图表等相关信息，选择合适条件对 $CO + 2H_2 \rightleftharpoons CH_3OH$ 的反应工艺进行优化，并说明理由。

学生以小组为单位，在大白纸上建立工厂，选择合适的温度、压强、催化剂、投料比等条件所对应的卡片贴到相应的位置，并将作品进行展示。小组之间相互提问、质疑,并进行辩论,分析选择该条件的依据。

此环节使用的图表等素材如图1所示。

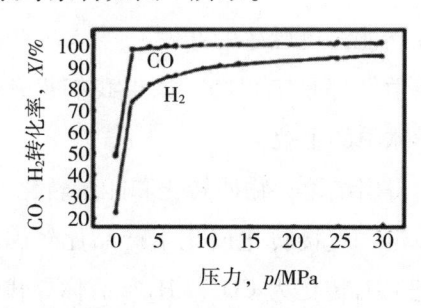

图1　CO、H_2 转化率与压力的关系

此环节帮助学生多角度分析化工生产中的条件,权衡利弊,提高生产效率。当选择的条件对化学反应速率和化学平衡移动起反作用时,还需要综合考虑,对反应条件进行系统评估。

3. 设计并优化工艺流程

【教学片段】

教师:以甲烷为原料,合成甲醇,请以小组为单位画出工艺流程图。

学生对本组所画的工艺流程图进行汇报。

教师:请问你们在画工艺流程图时都考虑了哪些问题?

学生1:没有反应完全的反应物要循环利用,不能随意排放。

学生2:要选择合适的投料比,避免浪费。

学生3:在条件的选择过程中还要考虑成本问题。

教师:同学们说得非常好,我们的确要考虑绿色环保、经济以及物质的循环利用等问题。我再给同学们提供一个思路,能量是否也可以循环利用呢?

学生进一步修改,最终得到如图2所示的工艺流程图。

此环节期望学生发散思维,多方面思考工业生产问题,并能够创造性地提出一些修改意见。

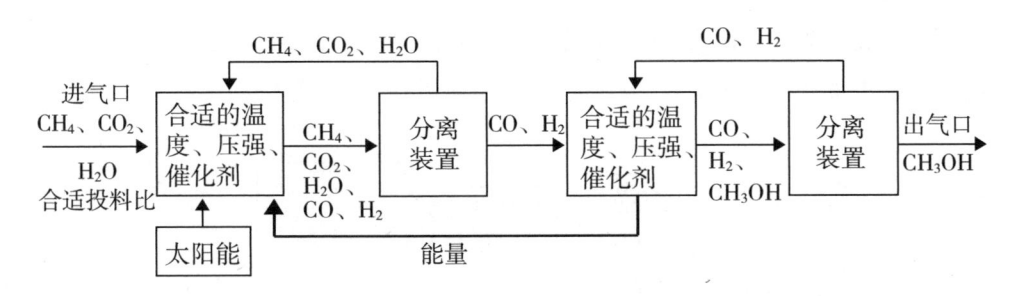

图 2　学生修改制作的工艺流程图

三、教学反思

1. 核心教学策略

（1）深入挖掘文献中的情境素材

在情境素材的选择过程中，要考虑到该素材能否承载反应的方向、限度和速率等条件，以及该素材在教学过程中能否帮助学生形成认识和调控反应的思路。

在素材转化的过程中，主要考虑学生活动如何组织。例如，由甲烷制备合成气有三条途径：水蒸气重整法、甲烷部分氧化法和二氧化碳重整法。这些文献资料主要用于第一课时设计并选择甲烷转化的反应物，让学生来讨论，明确思路方法；由合成气制备甲醇的最佳工艺条件是：温度500~530 K，压强5~10 MPa，以$CuO/ZnO/Al_2O_3$为催化剂。这些文献资料主要用于第二课时反应条件的选择活动中，将文献资料转变为图表信息，供学生分析与选择。

（2）将驱动性任务贯穿课堂

第一课时，以可燃冰（甲烷）制备合成气为素材，主要围绕设计并选择反应展开，以分析解释型任务、推论预测型任务、简单设计型任务为主要任务。第二课时，以合成气制备甲醇为素材，以设计工艺流程为载体展开，优化生产方案，以分析解释型任务、简单设计型任务、复杂问题解决型任务、创新思维型任务为主要任务。

（3）利用模型建构外显思路方法

案例设计以资源的开发利用为载体，以化学反应速率、化学平衡、化学反应方向为知识落脚点，以科学家思维为学生认识发展点，探讨资源开发过程背后的化学思考，让学生形成资源开发利用的一般思路。通过教学所建构的认识模型如图 3 所示。

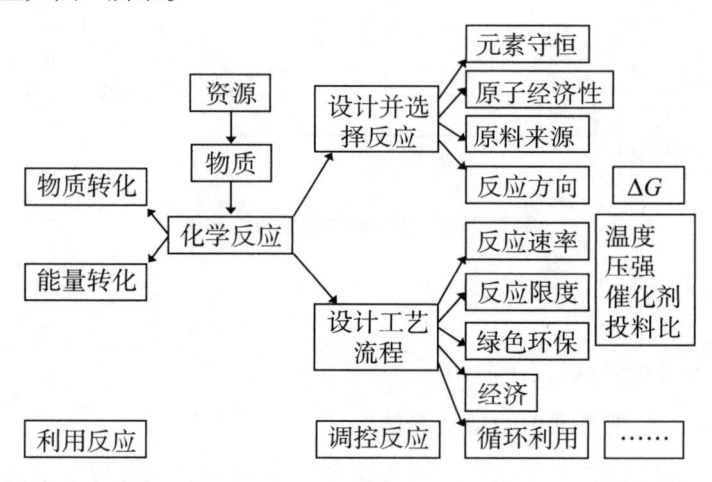

图 3　认识模型

2. 后期改进设想

（1）线上与线下结合

教师可以采用线上、线下相结合的教学方式。线上围绕学习主题推送资源内容，学生根据需求，在规定时间范围内自主安排时间进行在线学习，设计可燃冰的转化方案，并参与研讨。

教师根据学生的学习数据，分析、诊断和提炼共性问题，在课堂上针对共性问题组织学生活动，提高活动效果。

（2）课堂与实践结合

在本复习课结束之后，教师可以组织学生参观化工厂或观看有关的影像资料片，考察企业的选址情况，收集产品的生产原理、原料利用率、能耗、投资和成本核算等资料，撰写考察报告。

参考文献：

[1] 郝世雄，余祖孝，刘兴勇. 甲烷二氧化碳催化重整制合成气研究进展［J］. 化学世界，2010，51（5）：314 – 318.

[2] 井强山，刘鹏，郑小明. 甲烷临氧催化转化制合成气研究进展［J］. 化学通报，2008（9）：643 – 649.

［3］龙威，徐文媛. 甲烷重整制合成气机理研究的进展［J］. 河北师范大学学报（自然科学版），2011，35（4）：401-406.

［4］王桂轮，李成岳. 以合成气合成甲醇催化剂及其进展［J］. 化工进展，2001（3）：42-46.

［5］余双菊. 合成气制甲醇工艺概述［J］. 广东化工，2015，42（21）：100-102.

［6］姜涛，牛玉琴，钟炳. $CO+H_2$合成醇体系的化学平衡分析［J］. 天然气化工，1999，24（2）：25-30.

指向学科核心素养的单元整体教学

——以"海水中的化学"主题为例

胡巢生[①]

"核心素养—课程标准—单元设计—课时计划"——这是教学实践中环环相扣的链条,一线教师必须基于核心素养展开单元设计。抓住了单元设计,就抓住了撬动整个课堂转型的一个支点。

本研究拟围绕"海水中的化学"主题,建立以"物质及其变化视角""物质的分离与提纯"为目标统整的教学单元,探索基于化学学科核心素养的单元整体教学设计,使之既基于学生的认识角度、认识思路,又源于学生的认识方式、认识水平,实现教学内容有趣、有用、有意义。

一、单元整体教学设计实践探索

(一)确定教学目标

在确定单元教学目标时,必须从学生学习的角度出发,将课程标准、教材、单元学习主题等相互结合,将知识、方法、能力、观念等进行整合,利用学科思想勾勒出知识与前后章节、单元、节知识体系的关系。针对"海水中的化学"单元主题,可确定教学目标为:

(1)以"海水中的化学"为范例,让学生在探究互动、实验活动、数据资料的归纳整理等情境中体验常见的工业生产流程、技术;在化学技术中讨论以 NaCl 为原料制备 Na_2CO_3 的制碱工业。

(2)通过粗盐提纯、结晶等实验,培养学生物质转化、分离与提纯等化学学科思想和方法,培育学生"科学探究与创新意识"素养。

(3)从海水资源到产品产出,需经过转化、富集、分离等过程,培养学生自然资源的合理开发利用、环境保护、资源循环利用、绿色化学思想等

[①] 胡巢生,江苏省苏州高新区实验初级中学,江苏省教科研先进教师,宿迁市名教师。

"科学态度与社会责任"素养。

"海水中的化学"这一教学单元分为4个课时：海水晒盐、海水淡化，海水制镁，粗盐提纯，海水制碱（图1）。通过引导学生经历宏观事实积累、微观结构解释、假说推理与模型构建、实验验证与科学探究等学习过程，培育其"变化观念与平衡思想"素养。而这一单元教学目标的最终落脚点，是为了化学学习更高层面的价值追求——培育学生"科学态度与社会责任"素养。

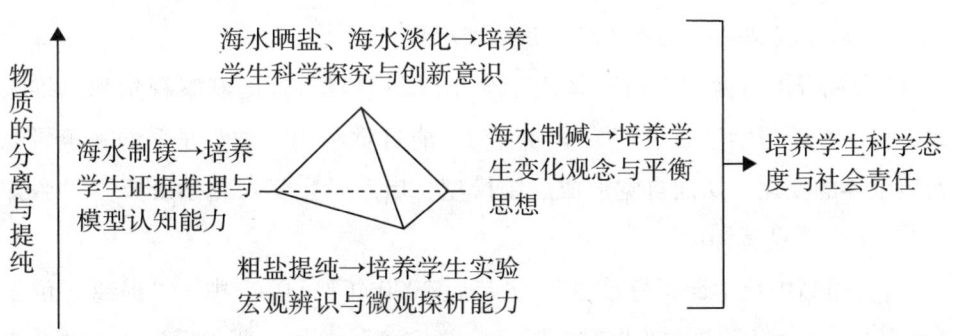

图1 "海水中的化学"单元主题教学目标

（二）设计教学流程（图2）

余文森教授指出，学科教学只有做到两种"超越"，才能有助于学科核心素养的形成。即超越简单的具体知识，去理解和把握具体知识背后的学科方法、学科思想与学科价值；超越表层的符号形式，去理解和把握符号形式背后的逻辑根据、思想方法与价值意义。笔者以关注学生学习过程和学习方法

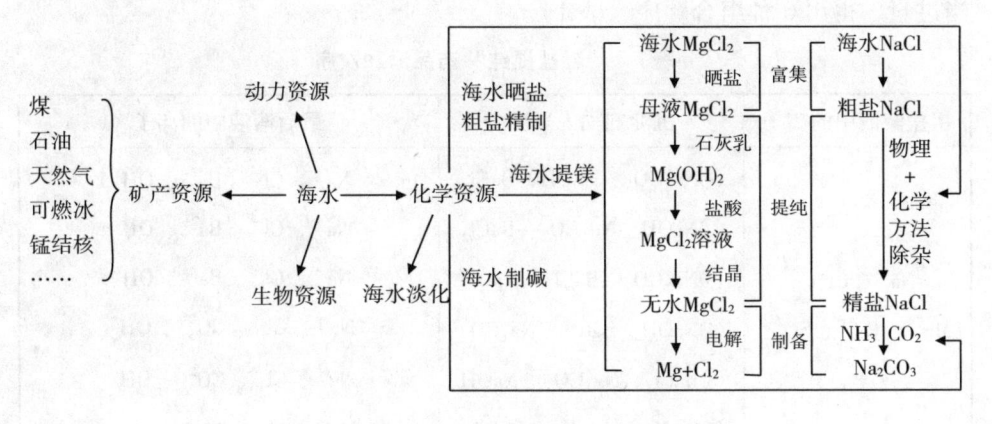

图2 "海水中的化学"单元主题教学流程

指导的视角，从期望学生"学会什么"出发，逆向设计"学生何以学会"的过程，通过选取基于真实问题的、贴近学生生活实际的、紧密联系课程知识的情境素材，设置核心问题，安排实验活动，落实知识方法，梳理出层次分明、张弛有序、循序渐进的化学课程内容主线，尝试为学科核心素养的落地寻找路径。

（三）教学过程实践

1. 粗盐提纯——培养宏观辨识与微观探析能力

"宏观辨识与微观探析"体现了化学学科最具特征的观察视角和思维方式，目的是希望学生通过相关学习活动，能自觉利用宏微观联系的视角研究物质世界的变化，从而自觉形成思维模型，启示学生学习化学既要"见微知著"，又要"见著知微"。

《普通高中化学课程标准（2017 年版 2020 年修订）》中，"提纯"位于"主题1：化学科学与实验探究"的"化学实验"单元，要求学生初步学会物质检验、分离、提纯等化学实验基础知识和基本技能。

"粗盐提纯"这一学习内容包括除去食盐中可溶性杂质，通过微观离子的反应来展示，帮助学生从微观变化的角度认识化学反应，理解复分解反应的微观实质。海水晒盐得到的粗盐往往含有 Na_2SO_4、$MgCl_2$、$CaCl_2$ 等可溶性杂质，以 SO_4^{2-}、Mg^{2+}、Ca^{2+} 的形式存在于溶液中，从阳离子和阴离子配合的角度来思考选择合适沉淀剂的思路，为将杂质离子除尽，加入的除杂试剂都要适当过量，得出 6 种组合顺序（表1）。

表1 "粗盐提纯"药品添加次序

粗盐溶液中的离子	沉淀剂加入顺序	最后溶液中的离子
Na^+、Cl^-、Mg^{2+}、Ca^{2+}、SO_4^{2-}	① Na_2CO_3　NaOH　$BaCl_2$	Na^+、Cl^-、Ba^{2+}、OH^-
	② NaOH　Na_2CO_3　$BaCl_2$	Na^+、Cl^-、Ba^{2+}、OH^-
	③ Na_2CO_3　$BaCl_2$　NaOH	Na^+、Cl^-、Ba^{2+}、OH^-
	④ NaOH　$BaCl_2$　Na_2CO_3	Na^+、Cl^-、CO_3^{2-}、OH^-
	⑤ $BaCl_2$　Na_2CO_3　NaOH	Na^+、Cl^-、CO_3^{2-}、OH^-
	⑥ $BaCl_2$　NaOH　Na_2CO_3	Na^+、Cl^-、CO_3^{2-}、OH^-

从表1可知，添加沉淀剂后会出现两类结果：Ba^{2+}剩余，CO_3^{2-}剩余。而需要强调的是，Ba^{2+}有剧毒，若将有剩余含Ba^{2+}的盐卖出去，则会造成重大社会危害。

为了说明过量Na_2CO_3溶液和稀盐酸的作用，教师勾画4条路线，引导学生从沉淀剂加入的量和顺序两个视角思考问题，为解决"选择沉淀剂除杂"问题提供了思路（图3）。

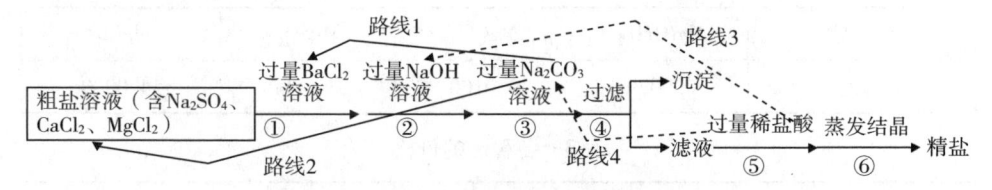

图3 粗盐中可溶性杂质去除

根据图3，得出如下三个途径：①$NaOH \rightarrow BaCl_2 \rightarrow Na_2CO_3 \rightarrow$过滤$\rightarrow$盐酸；②$BaCl_2 \rightarrow NaOH \rightarrow Na_2CO_3 \rightarrow$过滤$\rightarrow$盐酸；③$BaCl_2 \rightarrow Na_2CO_3 \rightarrow NaOH \rightarrow$过滤$\rightarrow$盐酸。可见，不管哪一种组合方式，$Na_2CO_3$必须在$BaCl_2$后加入，其他除杂试剂的组合顺序并不重要。这种除杂方式通常是一对一的，即一种除杂试剂只能沉淀一种杂质离子。由于海水中的Mg^{2+}、SO_4^{2-}含量差异大，用$Ba(OH)_2$根本达不到正好既沉淀Mg^{2+}又沉淀SO_4^{2-}的目的。况且$Ba(OH)_2$的价格比$BaCl_2$要贵，大量使用$Ba(OH)_2$不经济、不实惠。

这样的设计实现了由实验中的宏观现象到思辨中的微观反应实质，或由思辨中微观反应实质的推理到现实中宏观实验的证据，形成对微观探析的结果进行分析、推理、求证的思维模型，有利于帮助学生构建化学问题解决的思维视角，并以此形成物质结构与性质相联系、宏观与微观相结合的思维习惯。

2. 海水制镁——培养证据推理与模型认知能力

发展学生的"证据推理与模型认知"素养，既要重视证据的获得，又要重视基于证据的推理；既要关注学生习得的结果，又要关注习得的过程。海水制镁依据海水中存在Mg^{2+}，从"宏观—微观—符号"视角分析"海水—Mg^{2+}—Mg"的转化，思考实现物质转化的一般思路。

问题讨论：①利用晒盐后母液来沉降Mg^{2+}，这种做法有哪些优点？②将镁离子转化为氢氧化镁的目的是什么？③为什么海水中已有 $MgCl_2$，却还要加碱将之转化为 $Mg(OH)_2$，再加酸变回 $MgCl_2$？④沉淀剂为什么选择氢氧化钙？能否用氢氧化钠、氢氧化钾？⑤为什么用石灰乳？用澄清石灰水可行吗？海水中 Mg 元素主要以 $MgCl_2$ 的形式存在，教师引导学生观察表2、表3，分析适合工业制备金属镁的方法。

表2 20 ℃各种镁的化合物的溶解度

化合物	$Mg(OH)_2$	$MgCO_3$	$MgSO_4$	$MgCl_2$
溶解度/g	0.0029	0.0100	33.0000	54.0000

表3 各种碱的价格

化合物	$Ca(OH)_2$	$Ba(OH)_2$	NaOH	KOH
价格/（元/吨）	350	2800	3300	9500

通过数据推理可知，应选择 $Ca(OH)_2$ 使 Mg^{2+} 转化为氢氧化镁沉淀，与海水分离，因为沉淀物的溶解度越小，沉淀越完全。要实现海水中 Mg^{2+} 沉降，应从 Mg^{2+} 和碱的浓度两个方面分析：①海水中 Mg^{2+} 的浓度过低，则沉淀效果不佳，不利于生成 $Mg(OH)_2$，且增加了沉淀剂的用量，提高了生产成本。因此，需要对海水进行浓缩、富集。海水晒盐既提取了氯化钠，又增大了卤水中 Mg^{2+} 的浓度，沉降 Mg^{2+} 更迅速有效，优化了资源利用。②碱浓度要足够大。熟石灰价格低廉，石灰乳克服了澄清石灰水浓度极小、影响化学反应速率的缺点，其副产品氯化钙被广泛用作干燥剂、融雪剂、保湿剂等。

学生在教师引导下分析得出结论：$MgCl_2$ 原料易得，熔点为118 ℃，能耗最少且电解得到的副产物 Cl_2 可循环利用，可制备所需的盐酸，工艺中需用 HCl 作为 $MgCl_2 \cdot 6H_2O$ 制取无水 $MgCl_2$ 的保护气（图4）。

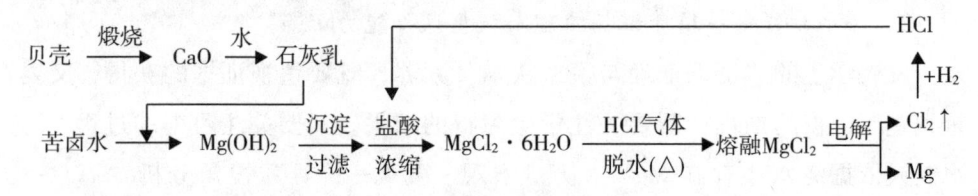

图4 海水制镁流程

这样的教学设计不仅关注了化学知识与内容的科学性，注重对物质转化规律的认识和实验方案的选择能力的培养，还关注了原料的浓缩除杂、产品的富集精制、物质的循环利用、资源的就近选择、生产成本的节约、降能减耗与环境保护等技术思想，有利于培育学生"科学态度与社会责任"素养。

3. 海水制碱——培养变化观念与平衡思想素养

课程内容需结合人类探索物质及其变化的历史与化学科学发展的趋势，结合学生已有的经验和将要经历的社会生活实际，引导学生关注人类面临的与化学有关的社会问题。教师引导学生对氨碱法制取纯碱反应的原理进行分析，帮助学生树立元素守恒观，并进一步认识质量守恒定律，用微粒观对反应做出解释。

问题讨论：①由 NaCl 转变为 Na_2CO_3，物质的元素组成发生了什么变化？②用 NaCl 制 Na_2CO_3，还需要什么原料？③为什么氨盐水比食盐水更容易吸收 CO_2？④NH_3 和 CO_2 同为气体，二者通入的先后顺序对流程有无影响？⑤氨盐水吸收 CO_2 后生成的 $NaHCO_3$ 和 NH_4Cl，哪种物质首先结晶析出？为什么？

氨碱法包含了吸收、洗涤、脱吸、煅烧等气液、气固传质过程。除了氨碱法，还有一种制碱方法被广为利用，具体包括两个过程。

第一个过程与氨碱法相同，将 NH_3 通入饱和食盐水制成饱和氨盐水，再通入 CO_2 生成 $NaHCO_3$。常温下，$NaHCO_3$ 产量高，其溶解度小于 NH_4Cl 的溶解度，且 $NaHCO_3$ 在 NaCl 溶液中溶解更小，故当其达到饱和状态后，即有大量晶体析出。过滤，用冰水冲洗晶体，以减少晶体的溶解损失，再用滤纸吸干晶体表面的水分，将 $NaHCO_3$ 加热分解即得纯碱。

第二个过程是在氨碱法的滤液中结晶沉淀出 NH_4Cl 晶体。向滤液中加入细粉状的 NaCl，并在 30~40 ℃下往滤液中通入 NH_3，使其达到饱和，再冷却至 10 ℃以下。由于常温下 NH_4Cl 的溶解度比 NaCl 大，低温时的溶解度却比 NaCl 小，且 NH_4Cl 在 NaCl 的浓溶液里的溶解度要比在水里的溶解度小得多，可结晶出 NH_4Cl 微小晶体，经过滤、洗涤、干燥即得 NH_4Cl 产品。与此同时，其母液已基本上被 NaCl 饱和，又可重新作为氨碱法的制碱原料（图5）。

这个循环生产过程是我国著名化学家侯德榜先生创建的，被称为"侯氏制碱法"。侯氏制碱法不仅使原料得到最有效的利用，在制得纯碱的同时还可以产出几乎等质量的化学肥料 NH_4Cl，其原子的利用率为 100%，真正实现了

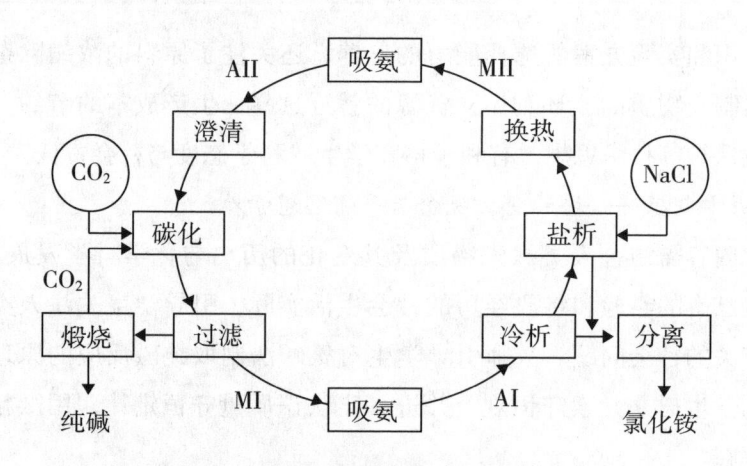

```
                            吸氨
                    AII  ←        ←  MII
                    澄清              换热
         CO₂          ↓              ↑         NaCl
          ↓         碳化              盐析  ←
          CO₂         ↓              ↑
         煅烧  ←   过滤              冷析  →  分离
          ↓         MI  →  吸氨  → AI           ↓
         纯碱                                  氯化铵
```

图 5　侯德榜制碱过程

零排放，是理想的原子经济反应，降低成本的同时也提高了综合经济效益，充分体现出当下"绿色化学"所倡导的原子节约性原则。通过了解侯德榜的事迹，激发学生的爱国热情，帮助学生树立正确的科学观和人生价值观，同时引导学生关注化学工艺的改革，使其认识到化学与社会发展的密切关系，从而增强创新意识，加深对技术进步的认识，促进"科学探究与创新意识""科学态度与社会责任"等化学学科核心素养的发展。

4. 物质的分离与提纯——培养学生科学探究与创新意识

教师设计"蒸馏法淡化海水"实验，引导学生学会用蒸馏法分离物质。实验完成后，带领学生回顾学过的物质分离与提纯的相关实验："除去粗盐中的难溶性杂质"和"蒸馏法淡化海水"实验，重点在于"溶解—过滤—蒸发"；"粗盐提纯、海水制镁"实验，重点在于"溶解—生成沉淀—过滤"。经过比较，学生总结了从混合物中提纯和分离物质的思想和方法：除杂质或者是提取原物质。

从原料到产品，先经过富集、预处理、转化等核心反应，得到粗产品，再通过分离提纯得到产品的过程模型如图 6 所示。根据固体混合物中各组分溶解度随温度变化的不同，先配成溶液，再通过加热、浓缩、降温使溶解度变小，或大量蒸发溶剂使溶质结晶析出。分离得到溶解度随温度变化较大的可溶性溶质，用降温结晶法，如从 KNO_3 和 $NaCl$（少量）的混合物中分离出 KNO_3，提纯的步骤为：加水溶解—加热浓缩—冷却结晶—过滤—冷水洗涤

（既溶去其表面的 NaCl 杂质，又减少 KNO$_3$ 的洗涤损耗）—干燥。分离得到溶解度随温度变化不大的可溶性溶质，用蒸发结晶法，如从 NaCl 和 KNO$_3$（少量）的混合物中分离出 NaCl，提纯的步骤为：加水溶解—加热蒸发至析出大量晶体—趁热过滤（防止 KNO$_3$ 因降温从少量热液中析出）—热水洗涤（高效除去其表面的 KNO$_3$ 杂质）—干燥。据此，学生可提炼出混合物分离提纯的认识角度：明确混合物组分→找出各组分典型的性质差异→依据性质差异选择合理的物理或化学方法。由此，将组分单一、零散的混合物分离提纯方法进行有序整合，形成比较全面、有序的思维雏形。

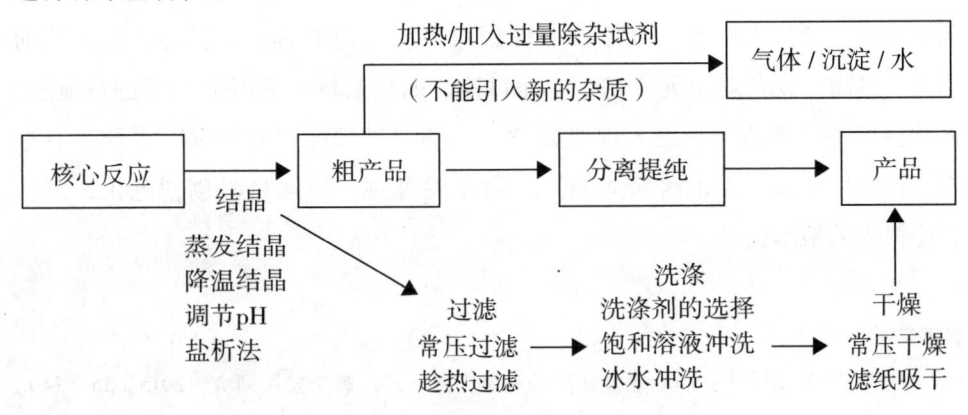

图6 物质的分离与提纯模型

二、单元整体教学设计的实践体会与反思

（一）教材内容的再建构——单元整体教学设计的起点

指向核心素养的单元整体教学设计，应始终关注学生的学习与思考，注重教学设计的整体性、系统性、进阶性，以促进学生深度学习的发生和学科核心素养的发展。教师应在深入研究教材和学生的基础上，整体认识教材、把握教材，既要重视教材设计意图，又不拘泥于教材知识的固有顺序，在课程标准的指导下对教材内容进行再建构，在学科大概念的基础上整合单元，使学生不仅获得知识，更要形成化学思维，提升运用化学知识解决问题的能力。

（二）化学学科观念的发展——单元整体教学设计的落脚点

指向核心素养的单元整体教学设计，应深入挖掘内隐在显性知识内容背后的对发展学生学科核心素养更富"营养"价值的学科观念、方法、价值等。各观念以"模型观"为核心相互联系，实现结构化。微粒观—模型观、变化观—模型观、微粒观—变化观—模型观、微粒观—守恒观—模型观等知识类观念与方法类观念整合出现的多观念组合也可以证实，知识的结构化使得思维方法也形成网络，且两者之间存在密切联系。

（三）学科核心素养的形成——单元整体教学设计的归宿

指向核心素养的单元整体教学设计，必须联系生产和生活实际，培育学生学科核心素养。教师应重视对课程标准的解读和学习，通过对课程价值、课程内容、课程实施等的判断和对课程意义和价值的解析、追寻，从系统的层面、鸟瞰的视角对单元主题、单元目标、内容素材、学习活动等进行梳理，将学科核心素养的培育融入课堂教学，使学习过程变得有趣、有系统、有进阶，让学生体会正确的经济效益观、科学发展观，增强科学创新意识，落实立德树人的根本任务。

参考文献：

［1］钟启泉. 单元设计：撬动课堂转型的一个支点［J］. 教育发展研究，2015，35（24）：1－5.

［2］钟启泉. 基于核心素养的课程发展：挑战与课题［J］. 全球教育展望，2016，45（1）：3－25.

［3］余文森. 论学科核心素养形成的机制［J］. 课程·教材·教法，2018，38（1）：4－11.

［4］中华人民共和国教育部. 普通高中化学课程标准（2017年版2020年修订）［M］. 北京：人民教育出版社，2020.

［5］江敏. 与社会发展相伴随行——以"合成氨工业生产条件选择"为例（下）［J］. 中学化学教学参考，2014（15）：1，5－9.

［6］邹定兵. 建构认知模型促进深度学习——以高三选修模块复习课"物质的分离与提纯"为例［J］. 化学教学，2019（1）：41－45，51.

［7］吴微，邓峰，伍春雨，等. 高一学生"氧化还原反应"观念结构的调查研究［J］. 化学教学，2020（5）：29－35.

化学学科社会性科学议题教学模式探析

——以"青江硫酸厂何去何从"为例

冯彦国[①]　刘一恒[②]

社会性科学议题指由当代科学技术研究开发所引起的一系列与社会伦理道德观念和经济发展紧密相关的社会性问题,如克隆技术和基因工程等创造的产品给社会伦理观念和生态环境保护带来的难题。近年来,西方科学教育中十分重视社会性科学议题,目的在于让学生了解科学、科技、社会和环境之间的关联与影响,深入探讨科技研究开发所衍生出的与生活有关的争议性课题,以培养学生解决问题和判断思考的能力,帮助其了解科学的价值、社会人文层面的意义和科学的有限性。

一、在中学阶段开展社会性科学议题教学的必要性

实施社会性科学议题教学可以针对性地解决中学教学实践过程中的具体问题,是当今课程改革发展的趋势,顺应教学发展的进步潮流,满足社会发展的需要。

（一）适应社会发展的需要

当今社会飞速发展,与科技有关、具有争议性的问题层出不穷,如在重雾霾天气下是否应该实行机动车限行政策,是否应该限制铁矿石开发等。国家和社会需要拥有专业知识与技能、可以综合考虑各方面因素、能对相关问题作出科学判断并提供解决方案的人才。只有当一批又一批能够全面思考、综合评估利弊、慎重决策的人才涌现的时候,国家的发展才是迅猛且具有保障的。

（二）适应课程改革的要求

2016 年 9 月,中国学生发展核心素养研究成果发布会上公布了中国学生

[①] 冯彦国,北京市第二十中学教师,特级教师。
[②] 刘一恒,北京市第二十中学教师。

发展核心素养总体框架及基本内涵,它以培养"全面发展的人"为核心,充分反映了新时期经济社会对人才培养的新要求。其中,在"责任担当"这一核心素养要素中提到了"社会责任",框架提出了"热爱并尊重自然,具有绿色生活方式和可持续发展理念及行动等"理念。化学学科核心素养中亦有"科学态度与社会责任"一项,指出学生应赞赏化学对社会发展的重大贡献,能对与化学有关的社会热点问题做出正确的价值判断。科学态度与社会责任核心素养的培育恰恰可以通过科学知识与社会性议题的有效融合得到更好的落实。

结合以上的分析,我们认为,在中学阶段开展社会性科学议题的教学是十分有必要的。基于此,我们尝试在高一年级的化学学科开展以"青江硫酸厂何去何从"为议题的社会性科学议题教学。

二、化学学科社会性科学议题教学实施案例

"青江硫酸厂何去何从"这一议题的教学内容来自于人教版普通高中教科书化学必修第一册第四章"非金属及其化合物",共一课时,教学实施流程如图1所示。

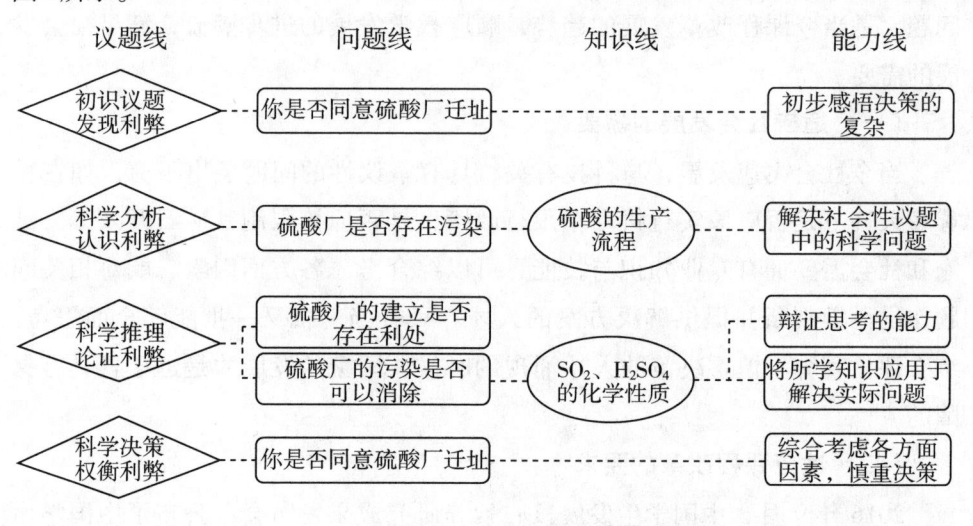

议题线	问题线	知识线	能力线
初识议题 发现利弊	你是否同意硫酸厂迁址		初步感悟决策的复杂
科学分析 认识利弊	硫酸厂是否存在污染	硫酸的生产流程	解决社会性议题中的科学问题
科学推理 论证利弊	硫酸厂的建立是否存在利处 硫酸厂的污染是否可以消除	SO_2、H_2SO_4的化学性质	辩证思考的能力 将所学知识应用于解决实际问题
科学决策 权衡利弊	你是否同意硫酸厂迁址		综合考虑各方面因素,慎重决策

图1 "青江硫酸厂何去何从"教学流程图

（一）初识议题，发现利弊

该环节，教师首先以一段英国公投的视频引入，介绍社会性科学议题的定义，进而引出本节课要解决的议题：青江硫酸厂何去何从。随后，教师请学生从"硫酸厂厂长""环保局局长""武汉市市长""黄冈市市长""武汉市市民""黄冈市市民"六个角色中认领不同的社会角色，从自己认领角色的角度出发，在"同意"、"不同意"和"我需要弄清楚什么问题再进行决策"三个选项中进行选择，最后分小组派代表阐述观点和理由。该环节的设计可以让学生初步体验进行决策的过程，感受做出科学合理决策既重要又有难度。

（二）科学分析，认识利弊

该环节，教师给出硫酸厂的工艺流程图，请学生分析硫酸厂各设备中发生的化学反应，进而推测其废气和废渣的主要成分，论证硫酸厂是否存在污染。该环节的设计可以帮助学生学会解决社会性议题中的科学问题，复习硫元素的性质及其转化的核心知识。

（三）科学推理，论证利弊

首先，教师请学生思考硫酸厂的建立是否存在利处，学生从社会、经济、环境三个角度推测硫酸厂建立的利处，并主动提出要找寻相关资料来支撑自己的观点。其次，教师要求学生尝试用化学知识论证硫酸厂的污染物 Fe_2O_3、SO_2、H_2SO_4 可以通过化学手段消除，并运用"价–类"二维图较全面地找到消除污染的试剂及依据。教师适时提出，既可以用化学手段消除污染，也可以通过改变原料减少污染，还可以通过调节反应条件、提高二氧化硫的转化率减少污染。

该环节的设计希望让学生体会到，进行决策时要权衡社会、经济、环境等多方面因素，同时帮助学生复习二氧化硫、硫酸的化学性质，感受化学在推动社会进步中的重要作用。

（四）科学决策，权衡利弊

该环节中，学生在经历了整节课对于硫酸厂迁址利弊的分析之后，再次从自己认领角色的角度出发，对是否迁址进行表态，并分小组派代表阐述观点和理由。该环节的设计是为了检验学生能否权衡各方利弊进行决策。

三、化学学科社会性科学议题教学的实施成效

（一）有效培育学生的学科核心素养

在课堂初期，几乎所有学生都不赞同硫酸厂迁址，甚至不赞同建立硫酸厂，其理由主要是硫酸厂的建立会带来污染。但随着活动的不断展开，学生主动提出"硫酸厂是否存在污染是需要进行科学论证的"，并利用资料中硫酸厂生产的工艺流程图进行科学分析，判断出硫酸厂的主要污染物可能为 Fe_2O_3、SO_2、H_2SO_4。在科学论证的基础上，用所学的化学知识设计对其产生的废弃物再利用，并基于绿色化学的观念来设计如何从源头上不产生污染。在此过程中，学生需要利用科学知识去分析，找到相应证据支撑自己的观点。

例如，在环节三中，学生根据自己已有的经验提出一些硫酸厂建立的利处，并迅速提出自己需要什么样的资料来支撑自己的观点。这说明，学生在脑海里已经形成了寻找证据、论证观点的意识，培养了证据推理与模型认知核心素养。

再如，课堂初期，认领"黄冈市市民"角色的学生小组不同意硫酸厂迁址，认为武汉市觉得建立硫酸厂会带来污染就要把它迁址到黄冈市，这样做特别不公平。但随着课堂的不断进行，学生综合评估了硫酸厂的建立对社会进步以及经济发展具有重大作用，认识到化学的力量能够将硫酸厂的污染降到最低，不会对人体健康造成威胁。该小组学生最终同意了硫酸厂的迁址，并通过交流讨论形成观点，由小组代表进行发言：武汉市是一线城市，需要在旅游业、教育业等方面进一步发展，而黄冈市作为二线城市，有黄冈化工产业园这个大的平台，应该接收青江硫酸厂，让它发挥最大的效益。该小组学生还表示，自己会运用化学的手段尽可能地消除硫酸厂的污染，让黄冈的绿水青山得以继续保持。从小组代表的发言中我们可以看出，该组学生已经完全将自己看成了黄冈市市民，他们在了解了建立硫酸厂可能存在危害的情况下，依然同意牺牲自己的小部分利益，为社会、国家做出贡献，这说明学生充分认识到了自己应承担起对国家、社会的责任。学生相信，化学的力量可以帮助硫酸厂消除污染，这也体现出化学在学生心目中的地位又一次攀升，学生对于学习化学的热情在膨胀。

（二）让学生完整体验做出决策的必要过程

随着活动的开展，学生体会了对社会性科学议题做出决策所必须经历认识利弊—论证利弊—权衡利弊的过程，明白了要想做出科学、合理的决策必须要全面思考，综合各方面利弊。这样的体验对于学生将来面对真正需要做决策的问题时有着非常重要的作用。

（三）充分调动学生学习的积极性

为了拉近该社会性科学议题与学生的距离，教师在课堂初期请学生认领社会角色，从不同角色的角度思考问题。课堂效果证明，学生在认领了角色之后，完全将自己置身于真实的情境，深入思考，积极表述自己的观点。在最后的表态环节中，"硫酸厂厂长"小组的学生代表说："武汉市、黄冈市的两位市长都同意我们的搬迁，相信两市也会给予一定的经济援助。相信我们在黄冈市市长的带领和市民的积极配合下，一定会发展得更好。"从这一发言中我们可以看出，学生将自己完全沉浸在角色当中，课堂参与度极高。

（四）帮助学生实现学科知识和能力的进阶

本节课承载的主要知识是关于硫元素及其化合物的性质，课型是复习课。考虑到参与此课的学生尚不能熟练掌握物质的性质，且还未形成主动运用"价-类"二维图思考物质性质的意识，教师在课堂中设置了相应的任务，以实现学生的能力进阶。

例如，在环节二中，学生的任务是写出在沸腾炉、接触室、吸收塔内发生的化学反应的方程式。为了使学生形成运用二维图解决问题的意识，教师引导学生分析沸腾炉内发生的反应，将反应物 FeS_2 以及生成物 SO_2 标于"价-类"二维图上，再请学生思考空气中参与反应的物质是什么。此时学生可以非常顺利地答出是氧气，并且理由充分：从元素角度看，发生反应需要氧元素；从价态角度看，硫元素升价，需要加入氧化剂。建立了"价-类"二维图的思维模型之后，学生可以迅速分析出接触室和吸收塔内发生的反应，并且在二维图中表示出由 FeS_2 制备硫酸的反应路径。基于此，在环节三中，面对如何消除 SO_2、H_2SO_4 污染的问题时，学生就能够主动运用二维图全面思考两物质的化学性质，并设计相应的实验方案消除污染。

四、教学反思

（一）议题的选择

社会性科学议题的选择一定要兼顾社会和科学两个方面。议题既要是有一定争议性的，与社会生活、伦理道德观念和经济发展等问题紧密相关的一系列社会性问题，要能够引发学生的思考和讨论，又要与科学相关，涵盖课程的核心知识，体现学科思想方法，承载了培育学生学科核心素养的任务。

（二）教师的引导

在学生进行社会性科学议题的决策过程中，教师应更多地承担引导者的角色，不能先入为主地表现出明显的倾向性，或直接暗示学生重点关注哪一方面。教师可引导学生全面考虑议题的利、弊，给予充分的时间让学生自行做决策，并表述观点和理由。在其中，教师注意把握讨论的方向，如不跑题等，以及在必要时引导正确的价值观走向。

（三）学科间的融合

议题是社会中真实存在的问题，它所涉及的科学问题往往不仅限于某一学科。此时，学校可以考虑让各个学科的教师共同参与到社会性科学议题的教学中，在学生解决科学问题的过程中，尽可能给他们提供所需的相关学科的帮助和指导。社会性科学议题教学是具有挑战性的新型教学模式，其有效实施可以促进学生学科核心素养的培育，也有助于培养具有社会参与意识的全面发展的人。

参考文献：

[1] 孟献华，李广洲. 国外"社会性科学议题"课程及其研究综述 [J]. 比较教育研究，2010，32（11）：31-36.

[2] 胡久华，罗铖吉，王磊，等. 在中学课堂中开展社会性科学议题教学的探索 [J]. 教育学报，2018，14（5）：47-54.

[3][4] 核心素养研究课题组. 中国学生发展核心素养 [J]. 中国教育学刊，2016（10）：1-3.

指向素养发展的问题解决式教学

——以"电池是如何产生电流的?"为例

庞 雪[①]

在化学能与电能的实际教学中,学生对于电化学知识的学习总是留有"难""乱"的印象。造成这种认知困难的主要原因有两个方面:一是存在关于电化学的偏差或错误认识;二是分析和解决电化学问题时缺少认识角度与合理思路,系统性差。

因此,在原电池的教学中,我们急需改变教学方式,激发学生的学习兴趣,同时帮助学生构建更加体现电化学学科本质、利于知识结构化、助于问题解决思路化的系统认识模型。基于此,我们开展了以"探索电池的奥秘"为主题的问题解决式教学。主题涵盖课程标准中的核心内容,同时又指向真实问题的解决,有助于激发学生的探究兴趣。在解决问题的过程中,教师要帮助学生建构电化学认识模型,进而应用模型解决实际问题,使学生体会电化学认识模型的功能价值;从高一到高三,从装置和原理两个维度,不断完善学生的认识角度及关联,发展认识,使学生最终形成与解决问题相匹配的系统、微观、动态、定量的认识能力,在过程中发展学科核心素养。

一、指向素养发展的教学设计

(一)教学背景分析

1. 内容分析

从教学内容上来看,本节课包括通过实验探究原电池的工作原理、建立原电池的认识模型、理解原电池的本质、应用原电池认识模型分析干电池、建立角度间的简单关联等内容。

本节课的内容在知识发展上,是对氧化还原概念理论、反应能量概念理

[①] 庞雪,北京市八一学校教师。

论的深化，同时又是选修 4 电化学模块的内容基础；在素养发展价值上，通过实验探究原电池的工作原理是对科学探究素养的发展，通过微粒变化与运动解释实验现象是对宏观辨识与微观探析素养的发展，在探究过程中关注物质变化和伴随的能量变化是对变化观念素养的发展，电化学认识模型的建立是对模型认知素养的发展，而拆解电池，体会电源的发展和电池的优化、改进过程又是对科学态度与社会责任核心素养的发展（图 1）。我们希望本节课的内容能成为学生化学学科核心素养发展的良好载体。

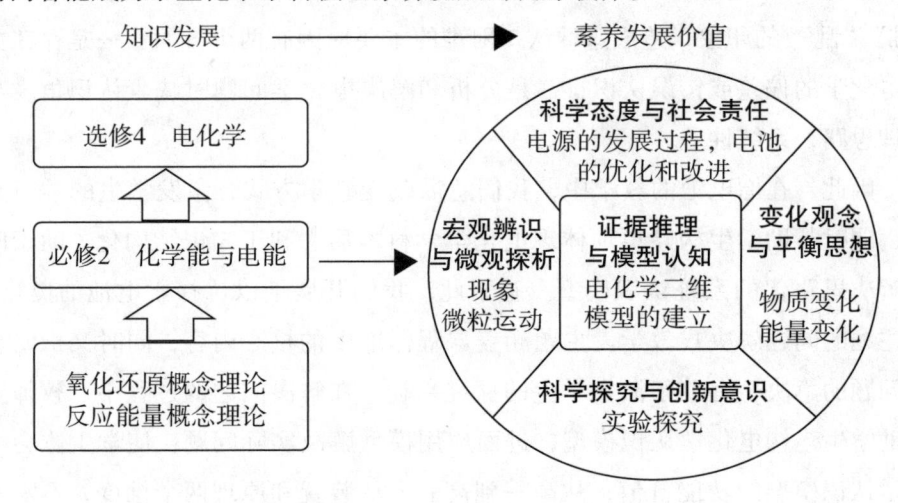

图 1　知识发展与素养发展价值分析

2. 学生分析

（1）学生的已有基础

通过拆解电池、制作海报和学生访谈等课前任务对学生已有基础进行探查发现，经过初中化学和高中化学必修模块的学习，学生已掌握了氧化还原反应的相关理论、电解质溶液的概念、导线的作用，了解了电极的作用等相关知识，具备了一定的分析问题能力与合作实验探究精神，但是对电化学问题没有认识角度和思路。访谈中，学生仅能基于生活经验说出电池具有正极、负极，但很容易将电极反应物和电极材料混淆，即对原电池反应原理的本质（氧化反应和还原反应分别在两个场所进行），以及原电池装置各构成要素对反应分开进行的作用和价值并没有清晰的认识。

(2) 学生的发展目标

通过本课时学习，学生能够从本质上认识原电池的反应原理，建立原理和装置两个一级角度，进而建立二级角度，最终形成各二级角度间的相互关联即原电池的认识思路，形成解决电化学问题的思维模型。

(3) 发展的障碍点和关键点

通过课前探查发现学生对于原电池没有建立原理、装置两个一级认识角度，更无从谈及二级角度。针对学生的障碍点，我们设计了相应的教学环节以及每个环节中学生的认识发展路径（图2）。

认识发展层级

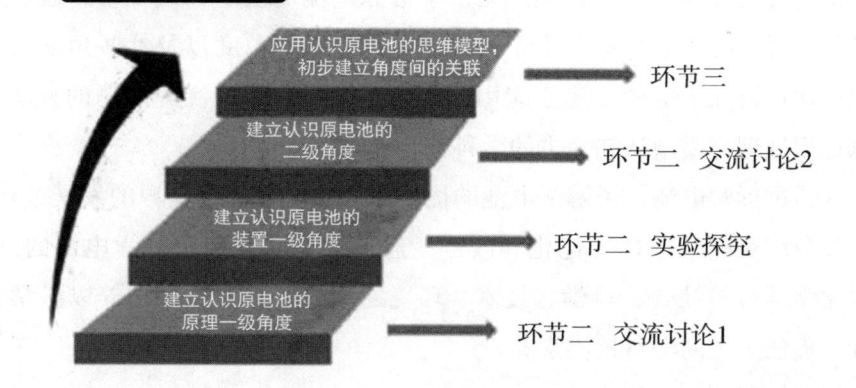

应用认识原电池的思维模型，初步建立角度间的关联 → 环节三

建立认识原电池的二级角度 → 环节二 交流讨论2

建立认识原电池的装置一级角度 → 环节二 实验探究

建立认识原电池的原理一级角度 → 环节二 交流讨论1

图2 学生的认识发展路径

（二）单元教学整体规划

本课例结合本节课的具体内容特点、学生学情特点，体现化学学科核心素养内涵，紧紧围绕"发展学生化学学科核心素养"这一主旨展开。

深度分析教学内容，并将教学内容与课程标准中的素养内涵及素养表现水平紧密联系后发现，在通过实验探究原电池的工作原理的过程中，学生需要具备和发展依据问题设计探究方案、运用实验实现化学能转化为电能的能力，这对发展学生的科学精神具有重要价值；在建立原电池的认识模型进而应用模型解决实际问题的过程中，学生需要具备和发展模型认知能力；而在干电池的利弊分析与优化改进的过程中，培养和发展学生的实践创新素养。探索电池的奥秘这一完整的学习过程使学生学会学习。

深入挖掘本课的核心素养价值，同时考虑到教学目标确定的科学性和统筹规划，本课例对必修和选修电化学内容的教学目标进行了整体设计。对必修阶段，即本课例教学目标和评价目标设计如下。

【教学目标】

①通过实验，探究铜锌原电池的工作原理，丰富对化学反应能量视角的认识，形成有目的地获取实验或事实证据的能力，以及应用氧化还原反应、离子反应相关理论从反应的微观本质解释宏观实验现象的能力，形成自主学习、合作探究的意识。培养以宏观辨识与微观探析、科学探究与创新意识、变化观念与平衡思想为主的学科核心素养。

②通过对实验结果的归纳总结，掌握原电池的基本构成要素；通过对原电池构成要素的归纳总结，建立分析原电池的基本角度以及这些角度之间的关联；通过再探干电池，建立应用原电池思维模型解决实际问题的方法。培养以证据推理与模型认知为主的学科核心素养。

③通过拆解电池，了解干电池的优缺点，初步了解在电源的发展过程中，从哪些角度对电池进行了优化和改进；通过从化学视角看化学电源的发展，感悟化学学习与社会、科学、技术、环境之间的密切关系。培养以科学态度与社会责任为主的学科核心素养。

【评价目标】

①通过对铜锌原电池实验方案的设计与实施，诊断并发展学生科学探究的水平（实验方案设计水平，有目的地获取实验或事实证据的水平，应用氧化还原反应、离子反应相关理论从反应的微观本质解释宏观实验现象的水平）。

②通过对铜锌原电池工作原理的分析和对化学电源中各部分作用的分析，诊断并发展学生对原电池认识思路的结构化水平（建立原理、装置一级维度，建立原理、装置二级维度，以及角度间的关联水平）。

③通过对干电池优化和改进的分析，诊断并发展学生对化学价值的认识水平（学科价值视角、社会价值视角、学科和社会价值视角）。

结合教学目标，制定单元教学流程如下。

本课例包括一个拆解干电池的课前任务，三个课上环节（环节一创设情境、布置任务；环节二构建模型、认识本质；环节三应用模型、理解本质），以及干电池利弊分析与优化的课后任务。环节二、三为教学核心环节。

核心环节二包含三个学生任务。任务一的驱动性问题为："构成电池在原理上需要满足什么条件？"属于A3说明论证型任务，学生围绕"如果你是一名电池设计师，从理论分析，你想为电池选择哪种类型的化学反应，实现化学能转化为电能"进行说明论证。任务二的驱动性问题为："如何使氧化还原反应中转移的电子定向移动，最终产生电流？关键是什么？"属于B3简单设计型任务，学生通过实验探究实现化学能转化为电能。任务三的驱动性问题为："要使氧化反应、还原反应分开进行，产生电流，需要哪些装置要素？各有什么作用？"属于A2概括关联型任务，学生将总结装置要素，自主建立原电池认识模型。

核心环节三的驱动性问题为："应用原电池模型，分析所拆解的干电池中各核心物质有什么作用？"属于B1分析解释型任务，学生将应用原电池认识模型，分析所拆解的干电池中各物质的作用。

二、核心环节的教学实施效果

1. 环节二：构建模型，认识本质——任务二

在环节二任务二中，学生能够依据问题，进行实验方案设计，并独立完成实验，成功设计和组装出铜锌原电池与碳锌原电池两套装置，实现化学能转化为电能，达到了丰富对化学反应能量视角认识的目的，发展了科学探究核心素养。在实验过程中，学生展现出较强的问题意识，能够依据问题，有目的地记录锌片和铜片上都有气泡、有电流产生等实验现象，发展了有目的地获取实验或事实证据的能力。在获得现象即证据后，能够结合已有的相关理论，从反应的微观本质去尝试解释所观察到的宏观现象，通过自主学习、交流讨论，学生能够比较清晰、完整地表达出铜锌原电池的工作原理，在教师的问题引导下，自主关注到原电池的本质，更展示了宏观辨识与微观探析核心素养在学习过程中的发展和提升。

2. 环节二：构建模型，认识本质——任务三

在环节二任务三中，学生能够对实验结果进行有目的的提炼和归纳，进

而总结出构成原电池装置的二级要素,并能够结合铜锌原电池的工作原理对各装置二级要素的作用进行概括关联,但在对装置各要素作用的分析过程中仍然存在一些问题。例如,笼统地将铜和锌都归结为电极材料,认为它们均起到提供得失电子场所的作用,容易忽略掉锌的双重作用(电极反应物、负极材料)。此时,教师及时追问使学生关注到锌作为电极反应物的作用,同时也使学生从对装置二级要素的分析过渡到对原理二级要素的分析,纠正一些学生将电极材料和电极反应物混淆的错误认识。经过这样一番对话,学生逐步建立起较为完整且清晰的原电池认识模型,并形成了这些角度之间的简单关联。在此过程中,学生的模型认知核心素养得到了较好的发展和提升。

3. 环节三:应用模型,理解本质

在环节三中,学生已经能够应用模型,分析干电池中各核心物质的作用,不但对原电池模型各角度有了较深的理解,同时还展示出了结构化的认识思路水平(建立原理、装置一级维度,原理、装置二级维度,以及角度间的关联水平),初步建立起了应用原电池思维模型解决实际问题的方法,达到了对模型认知核心素养的再次提升。

三、教学反思

1. 核心教学策略

(1) 以问题解决方式展开,注重真实问题情境的创设

案例从学生生活中熟悉的干电池入手,将陌生问题生活化、熟悉化——"干电池是如何产生电流的?""干电池有哪些利与弊?""如何对干电池进行优化和改进?",以问题解决的方式逐层展开。这些真实、具体的问题情境是学生化学学科核心素养形成和发展的重要载体,使学生能够更加全身心地投入,致力于真实问题的解决,积极地进行实验探究、组内交流讨论、组间汇报点评。在这一过程中,学生的实验探究、语言表达、团队协作能力都得到了很好的锻炼,同时体会到了化学科学的社会价值,增强了学好化学造福人类的信念。

(2) 以模型建构为核心,注重认识思路的模型化和外显化

认识模型是在教学中实现知识向素养转化的有效途径。该案例中,教师

以原电池模型的建构为核心内容,通过设计活动,在问题的解决过程中使学生自主发现两个角度、八个要素,从而建构出原电池模型。继而以模型为工具,分析解决干电池的一系列问题,不断加深对模型的理解,使模型内化、外显,使学生形成电化学问题的分析思路。学生按此认识思路就能够进行迁移,对必修阶段的电化学问题进行有依据、有角度的分析判断,同时为选修阶段电化学问题的解决打下坚实的基础。这样认识模型的建构和应用,更加体现电化学学科本质,利于知识结构化,助于问题解决思路化。

2. 后期改进设想

案例中涉及大量学生交流讨论型活动,如课前的拆解电池、制作海报、交流讨论活动,课后的从应用认识角度讨论干电池的利弊、提出优化和改进方案活动等。由于课堂时间有限,无法做到各小组一一展示、详细汇报,可能使某些小组留有遗憾,意犹未尽。面对这样的情况,在以后的教学中,在教学策略上,教师可以更多地借助互联网平台,采用线上线下相结合的教学方式。课前可以通过在线学习平台发布推送各小组拆解电池、制作海报的成果,各小组在规定的时间范围内自主安排时间,进行在线交流研讨,为课上学习做好准备;课后再次利用在线学习平台,展示及交流研讨干电池的利弊,优化各组改进方案,教师利用交互空间基于学生情况进行个性化指导。如此,对于学生,课后的延伸学习和讨论能够使学习目标达成度更高;对于教师,能够通过学生的学习数据,分析诊断课上学习目标的达成效果。

促进问题解决思路建构的学生必做实验课教学
——以"不同价态含硫物质的转化"为例

胡久华[①]　李　琦[②]　马洪武[③]　冯清华[④]

化学实验活动是基础化学教育教学中的重要学习活动类型,对于发展学生的化学学科核心素养有着重要的作用。无论是《义务教育化学课程标准(2011年版)》还是《普通高中化学课程标准(2017年版)》,都规定了学生必做实验,以确保学生有基本的实验活动。

尽管学生必做实验课十分重要,但在实际的教学中,学生必做实验课仍有较大的改进空间,有必要进行系统研究。本文在学生必做实验课教学实践和理论研究基础上,探究促进问题解决思路建构的实验课教学设计与实施的方法与策略,下面将以"不同价态含硫物质的转化"学生必做实验课为例进行阐释分析。

一、确立实验问题解决思路的方法与策略

首先,需要明确具体实验承载的实验问题解决思路,不但要结合化学课程标准、教科书和具体实验本体进行系统分析,而且要站在实验问题的起点,探索实验问题的解决空间,刻画问题解决的思维路径,确立实验问题解决的思维模型。

"不同价态含硫物质的转化"是高中必修化学的学生必做实验。整合《普通高中化学课程标准(2017年版)》中与该实验相关的内容要求和学业要求,再结合教科书中的教学内容及其活动栏目,可以明确该实验承载的知识目标为:掌握硫及其重要化合物,包括硫单质、二氧化硫、浓硫酸等物质的主要

[①] 胡久华,北京师范大学化学学院教授。
[②] 李琦,北京师范大学硕士研究生。
[③] 马洪武,清华大学附属中学朝阳学校教师。
[④] 冯清华,清华大学附属中学朝阳学校教师,校特级教师。

性质。关键能力目标为：通过实验实现不同价态元素转化的思路方法。实验态度和价值观念目标为：培养学生科学合理使用含硫物质的意识，在选取反应物和试剂时，具有环境友好的视角，在实现转化的实验过程中能够有意识地预防有害物质进入环境。

如何实现不同价态元素的转化？站在实验问题的起点，首先需要预设元素价态的转化，明确"起始元素价态→目标元素价态"。选择含有起始元素价态的物质，依据氧化还原反应，如果预设的元素价态转化是化合价升高就选择氧化剂，如果预设的元素价态转化是化合价降低就选择还原剂。明确转化实现的证据：预测产物和实验现象，如果没有直接的实验现象证据，需要选择试剂检验产物的存在或者反应物的消失。在此基础上，实施实验，记录现象。最后验证预测，得出结论。"不同价态元素转化"实验问题解决的思维模型如图1所示。

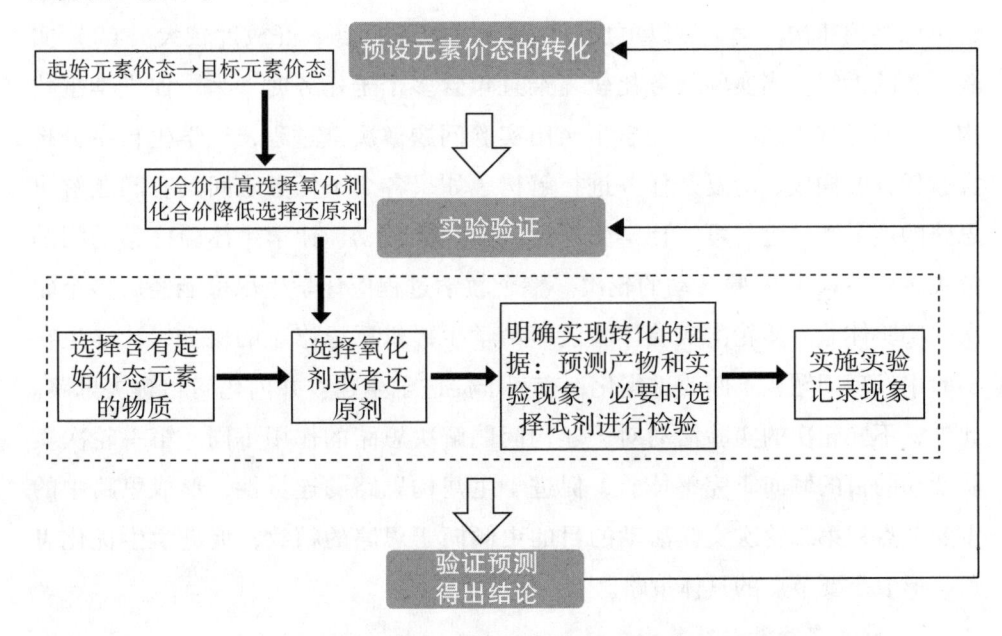

图1 "不同价态元素转化"实验问题解决的思维模型

确立实验问题解决思路时，既要关注实验问题解决的心理机制和思维过程，又要关注课程定位，确保实验问题解决思路不仅能够反映一类实验问题解决的方法性和程序性，还符合该学生必做实验课的课程要求及其关键能力的发展目标。此外，构建出来的实验问题解决思路，既要体现实验问题解决的思维路径即思路的连贯性和完整性，呈现出思路中的重要节点及节点间的关系，又要体现各个思路节点中的具体策略。

二、促进问题解决思路建构的实验课

学生必做实验课教学要以促进学生建构实验问题解决思路为核心目标，教学过程和教学活动要服务于该目标的达成。教师要依据学生建构思路的认知过程，设计实验课的教学过程。

1. 明确实验课实施模式

实验课实施模式主要包括实验课的实施阶段、实验任务的拆解、实验活动的轮次三个部分。（1）实验课的实施阶段。如果是在新授课中实施学生必做实验，要兼顾核心知识与实验问题解决思路，需要必要的引导和示范实验问题解决过程，开放度较小；如果是在复习阶段实施，则更加侧重实验问题解决思路的建构，学生可以更加自主地解决实验问题，开放度较大。（2）实验任务的拆解。当实验任务比较复杂且包含多个子任务时，为了促进学生建构实验问题解决思路，应让学生亲历实验问题解决全过程，让学生自主分析实验任务的构成，对复杂任务进行解构。如果各个子任务之间具有问题解决思路的连贯性，应尽可能让学生连续完成实验活动，让学生体验完整的问题解决过程。（3）实验活动的轮次。整个教学过程应让学生尽可能经历多个轮次的实验体验。多轮次实验体验能够给学生提供反思修正的机会，让学生在实验中发现问题，不断改进优化，有利于促进学生建立并内化问题解决思路。此外，不同轮次的实验活动对于建构问题解决思路的作用不同。第一轮次实验活动的目的倾向于完整体验，促进学生建构思路的连贯性，形成思路中的重要节点；第二轮次实验活动的目的更倾向于思路的精致，促进学生优化思路，形成重要节点的具体策略。

2. 确立实验活动及其形式

依据课程标准和教科书中的内容要求和教学定位，考虑学生的实际情况，分析实验室条件，明确具体实验活动内容及活动形式。"不同价态含硫物质的转化"是一个比较复杂的实验任务，由若干个比较独立的子任务构成，包括 $0 \rightarrow +4$、$+4 \rightarrow +6$、$+6 \rightarrow +4$、$+4 \rightarrow 0$ 的转化。$0 \rightarrow +4$ 是硫单质到二氧化硫的转化，学生比较熟悉，且污染比较大，不适合学生实验；+6→+4 是浓硫酸到二氧化硫的转化，浓硫酸使用要求高，有一定危险性，适合教师演示实验。学生实验活动包括 +4→+6、+4→0 的转化。

3. 设计实验课活动环节

实验课活动环节包括：实验课导入、实验方案设计与交流、实验实施过程、实验汇报总结等。（1）实验课导入。倡导创设真实问题情境，情境素材不但要与实验任务密切联系，而且要对实验任务有驱动作用，能够有效激发学生兴趣。（2）实验方案设计与交流。首先，避免直接给出统一的实验方案。其次，教师要考虑学生的能力情况和任务的复杂程度，引导启发或者让学生独立完成实验方案的设计。教师不但要让学生经历实验方案设计过程，而且要给学生机会完整地阐述实验方案，分享方案设计背后的思维过程，让学生自主发现方案中的漏洞，不断改进完善。在学生阐述完成后，教师不要急于评价，要将评价的第一机会留给学生，让其他学生进行评价和补充，必要时教师再进行追问和反馈。通过学生的自我阐述、同伴的反馈和教师的点拨，促进学生建构实验问题解决的系统思路。（3）实验实施过程。在这个环节中，教师要尽量给学生更大的空间开展实验活动。教师主要有两方面的任务：一是对学生的实验情况进行有针对性的指导；尤其要诊断学生在实验问题解决思路方面存在的问题，必要时对学生的思维过程进行引导。二是有效运用信息技术工具（例如手机、iPad 等），有针对性地收集学生的表现和问题。（4）实验汇报总结。学生完整汇报分析实验现象和实验结果，并说明依据。教师追问并完善问题解决思路，进而总结梳理思路方法，通过板书、多媒体课件等外显呈现问题解决的思路方法；最后还可增加延伸活动，检验学生是否能够迁移应用所建构的思路方法解决类似的问题。

4. 预设学生的发展点和困难，设计指导和支持策略

在设计教学过程时，教师要充分预设学生在问题解决思路方面的发展点和困难，有针对性地指导设计和提供支持策略。例如在"不同价态含硫物质的转化"实验中，学生能力发展点包括：（1）从关注性质到关注转化，从关注具体物质到关注元素价态的一类物质。该实验要求实现不同价态元素的转化，选取元素价态相同的不同类别的物质去实现转化，促进学生建立基于元

素价态视角的一类物质具有相似的氧化性或者还原性的认识。该认识角度的发展,对学生来说具有一定的困难,需要学生改变惯性思维。(2)在实验方案设计层面,学生往往缺少自主预测产物和现象的意识,缺乏自主寻求是否实现证据验证转化的意识。针对以上学生的发展点和困难,教师需要在实验方案设计与汇报、实验实施、实验总结等活动中,根据学生的表现,进行指向学生发展点和困难的追问和引导。

5. 设计实验报告,确定实验用品

实验报告是需要重点准备的资料。实验报告要呈现和记录学生在整个实验前、中、后的活动历程和思维活动,相当于实验课的学历档案。实验报告一般包括以下栏目:实验目的、实验用品、实验方案的设计框架、实验实施、实验总结。其中,实验方案的设计框架要在一定程度上外显实验问题解决的思路方法。实验报告要给学生留有空间进行修改和完善,引导学生进行反思总结,要尽可能在实验报告中体现出学生在实验问题解决思路维度上的发展变化。除了实验报告,还需要准备实验用品和试剂,教师需要通过试做实验确定试剂的种类和浓度等。

三、促进问题解决思路建构的教学方案与教学实施的关键策略

考虑到课堂上实验活动的空间,建议采用课前—课上—课后统筹设计:课前完成实验方案的设计,课上进行实验方案的系统汇报,并思考实验方案设计思路。根据改进的实验方案进行第一轮实验活动,完整体验实验过程,建立实验问题解决的主要思路,并且通过实验发现问题,进行第二轮实验,让实验过程更精致,提炼具体策略,最后进行实验总结与反思。课下进行实验问题解决思路的迁移应用,完善实验报告。具体过程如图2所示。

将上述教学方案进行教学实施,根据实施过程中发现的问题,不断改进和优化实验方案,并结合其他学生必做实验课的教学实践,总结提炼促进实验问题解决思路建构的学生必做实验课教学实施的关键策略。

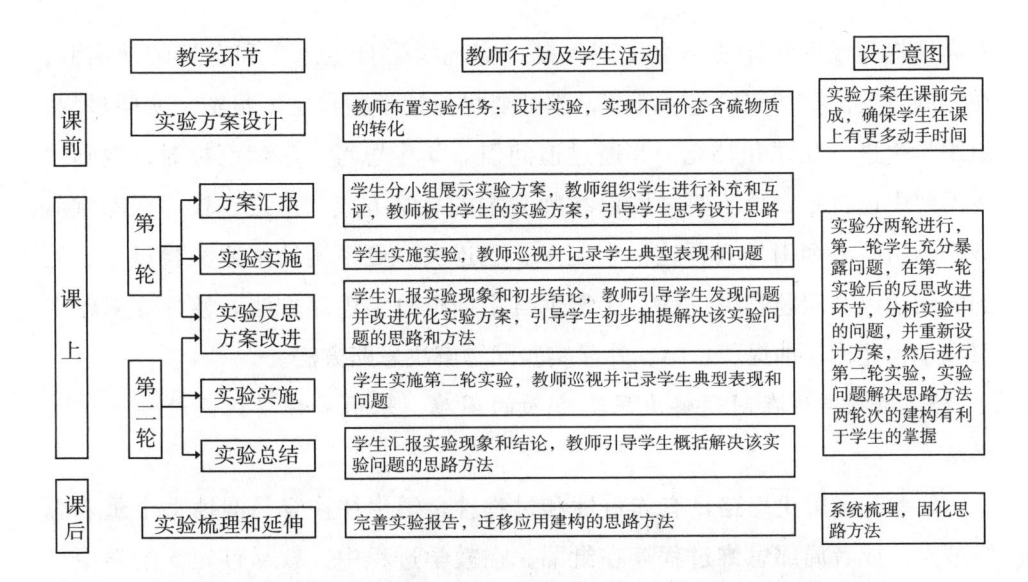

教学环节		教师行为及学生活动	设计意图
课前	实验方案设计	教师布置实验任务：设计实验，实现不同价态含硫物质的转化	实验方案在课前完成，确保学生在课上有更多动手时间
课上 第一轮	方案汇报	学生分小组展示实验方案，教师组织学生进行补充和互评，教师板书学生的实验方案，引导学生思考设计思路	实验分两轮进行，第一轮学生充分暴露问题，在第一轮实验后的反思改进环节，分析实验中的问题，并重新设计方案，然后进行第二轮实验，实验问题解决思路方法两轮次的建构有利于学生的掌握
	实验实施	学生实施实验，教师巡视并记录学生典型表现和问题	
	实验反思方案改进	学生汇报实验现象和初步结论，教师引导学生发现问题并改进优化实验方案，引导学生初步抽提解决该实验问题的思路和方法	
课上 第二轮	实验实施	学生实施第二轮实验，教师巡视并记录学生典型表现和问题	
	实验总结	学生汇报实验现象和结论，教师引导学生概括解决该实验问题的思路方法	
课后	实验梳理和延伸	完善实验报告，迁移应用建构的思路方法	系统梳理，固化思路方法

图 2　"不同价态含硫物质之间的转化"学生必做实验课教学方案

1. 创设条件让学生充分进行实验活动，自主建构问题解决思路

学生必做实验课，无论是安排在新授课还是复习课，都要给学生充足的动手实践的机会。让学生直面实验问题，亲历实验问题解决过程，暴露学生原本的实验问题解决思维过程。课前—课上—课后打通系统设计，给学生提供不断改进的机会，让学生能够有多轮次实践空间，使其既有建构整体思路的机会，又有优化局部具体策略的机会，促进学生不断总结反思，构建实验问题解决的思路方法。在此基础上，还要给学生系统、完整阐述的机会，例如系统汇报实验方案、实验总结等，要确保学生思维完整，形成连贯的问题解决思维过程。

2. 真正以学生为主体，组织和引导学生抽提外显问题解决思路

在教学过程中，教师习惯于讲解清楚实验过程后再让学生动手实验，在实验实施过程中告诉学生具体做法，在发现学生汇报中存在问题时忍不住打断学生并进行点评分析，这些都不是真正以学生为主体。当教师意识到自己更多应是组织者和引导者角色后，又遇到了如下问题：如何启发引导学生自主进行实验？如何更好地组织学生汇报实验方案？如何组织以学生为主的实验总结？如何点评提升学生的实验活动？对于上述问题，教师要转变自身行为，真正做到以学生为主体。在实验实施环节，教师要通过具有引领思路的

方向性提问或追问促使学生发现问题，实现学生自主思考和有目的地实验；在实验方案汇报和实验总结环节，教师要尽量让学生自主汇报整个实验过程，组织学生进行互评和补充，并通过追问引导学生思考。学生汇报时，教师尽量不要中途打断，更不要采取以教师为主的总结方式。总之，教师在课堂应该作为组织者和引导者，让学生更多、更连贯、更系统地阐述实验过程、遇到的问题以及问题解决过程，让学生自主抽提总结思路方法。教师要多轮次引导学生建构、抽提、总结、外显实验问题解决思路方法。

3. 捕捉学生在问题解决思路方面的困难，采用多种措施促进学生建构思路

实验问题解决思路具有连贯性和过程性，学生往往容易漏掉某个重要思维节点，或者局部思维过程存在纰漏。在教学过程中，教师首先要给学生机会完整展示问题解决思路，充分暴露思路中存在的问题，给学生提供自我查漏和同伴评价的机会，在此基础上教师进行必要的追问和点拨，促进学生对思路进行完善和论证。例如，在"不同价态含硫物质间转化"实施过程中，当给学生价态转化的实验任务时，学生仍然将其理解为具体物质的转化，而不是基于价态视角选择一类物质并实现转化。面对这种情况，教师多次追问选择物质的视角，询问选择含有相同价态的其他类别物质是否可行；教师还组织学生选择含有相同价态的不同物质进行实验活动。在实验总结阶段，教师追问实验现象说明了什么，能够得出什么结论，并且让学生说明如何论证实验操作，思考证据是否充分等。

总之，学生必做实验课，不仅要满足学生动手实验的愿望，更重要的是要让学生自主探究、充分实践，促进学生建构一类实验问题解决的思路方法，促进学生具有"做事"能力，促进学生实验素养的提升。

第三章

化学核心素养怎么考

化学试卷中的核心素养

——例谈 2018 年高考理综全国卷 I 化学试题及教学启示

洪良腾[①]

《普通高中化学课程标准（2017 年版）》指出：化学学业水平考试的主要目的是评价学生化学学科核心素养的发展状况。化学考试大纲也明确提出考核目标与要求：化学科考试，为了有利于选拔具有学习潜能和创新精神的考生，以能力测试为主导，将在测试考生进一步学习所必需的知识、技能和方法的基础上，全面检测考生的化学科学素养。2018 年高考理综全国卷 I 化学试题贯彻新课标及大纲精神，体现了检测考生化学学科核心素养的作用。

一、全国卷 I 化学试题中对化学学科核心素养的检测

（一）宏观辨识与微观探析

从元素和原子、分子水平认识物质的组成、结构、性质和变化，宏观、微观相结合，分析解决问题。如第 10 题中的 A 选项"16.25 g $FeCl_3$ 水解形成

[①] 洪良腾，福建省晋江市养正中学教师。

的 $Fe(OH)_3$ 胶体粒子数为 $0.1\ N_A$",宏观上要求考生知道 Fe^{3+} 在溶液中会水解,形成 $Fe(OH)_3$ 胶体,微观上则要了解分散于水中的 $Fe(OH)_3$ 胶体粒子的形成过程。Fe^{3+} 水解形成 $Fe(OH)_3$ 分子,分子聚集,分散质粒子直径变大,当介于 $(1\times10^{-9})\sim(1\times10^{-7})$ m 时,所得到的分散系就是胶体。再如第 28 题第(1)问中 "1840 年 Devil 用干燥的氯气通过干燥的硝酸银,得到 N_2O_5。该反应的氧化产物是一种气体,其分子式为_____",考生要从宏观上分析反应物和生成物,即氯气、干燥的硝酸银和 N_2O_5,微观上从氧化还原反应角度,分析各元素化合价变化。$AgNO_3$ 中 Ag 元素已经为最高价,N 在反应中化合价没有发生变化,只能是 O 元素升高,推出氧化产物为 O_2。上述两例中,要求考生对物质及其变化的宏观现象具有辨识能力,并能从微观视角探析,检测"宏观辨识与微观探析"素养。

(二)变化观念与平衡思想

1. 变化观念

物质可以相互转化,而转化是有条件的。如第 13 题 [附原理图(图 1)],选项 D "若采用 Fe^{3+}/Fe^{2+} 取代 $EDTA-Fe^{3+}/EDTA-Fe^{2+}$,溶液为酸性"。本题利用 "$2EDTA-Fe^{3+}+H_2S \mathop{=\!\!=} 2H^+ +S+2EDTA-Fe^{2+}$" 除去 H_2S,而后在石墨烯(阳极)上,发生 $EDTA-Fe^{2+}-e^- \mathop{=\!\!=} EDTA-Fe^{3+}$,实现 $EDTA-Fe^{3+}$ 的再生,循环不断地除去 H_2S。考生要深刻认识及应用反应的条件性,结合常见数据 $K_{sp}[Fe(OH)_2]=8.0\times10^{-16}$、$K_{sp}[Fe(OH)_3]=4.0\times10^{-38}$,推断 Fe^{3+} 极易沉淀(pH = 3.87 沉淀完全)。若采用 Fe^{3+}/Fe^{2+} 取代 $EDTA-Fe^{3+}/EDTA-Fe^{2+}$,要控制好条件,避免 Fe^{3+} 转化为沉淀,溶液要控制在酸性范围,由此,D 选项迎刃而解。本题检测考生的"变化观念",命题者可能是为了增大试题的区分度,也隐去了一些重要信息(有关 K_{sp},但是属于考生常见的),考生若不具备"变化观念"及相关必备知识,就不知道该选项需要从什么角度去思考。

光伏电池

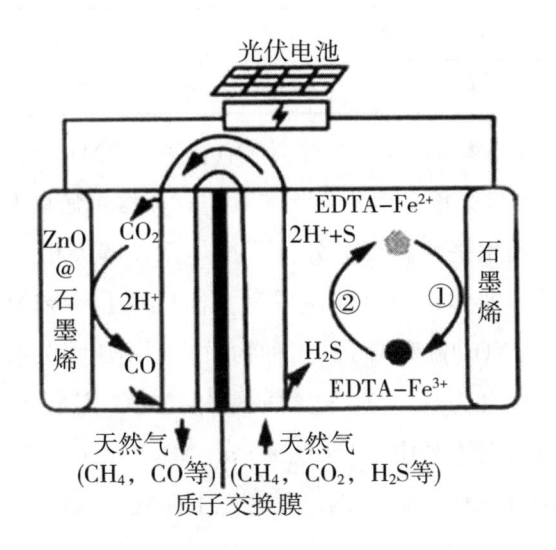

ZnO@石墨烯 | CO₂ / 2H⁺ / CO ... EDTA-Fe²⁺ / 2H⁺+S ② ① H₂S / EDTA-Fe³⁺ | 石墨烯

天然气↓(CH₄，CO等)　↑天然气(CH₄，CO₂，H₂S等)

质子交换膜

图 1　第 13 题原理图

2. 平衡思想

化学变化有一定限度，一定条件下能达到平衡状态，平衡状态受外界因素影响。考生要能多角度、动态地分析化学变化。第 28 题（2）小题③中，"若提高反应温度至35 ℃，则 N_2O_5（g）完全分解后体系压强 p_∞（35 ℃）____63.1 kPa（填"大于""等于"或"小于"），原因是_____"。考生要明确温度升高带来两方面的影响：一是从物理学角度，若分子数不变，温度升高，压强增大；二是从平衡思想角度，温度升高，使平衡 "$2NO_2(g) \rightleftharpoons N_2O_4(g)$，$\Delta H = -56.9$ kJ/mol" 向逆方向移动，分子数增多，压强也会增大。该小题检测考生是否能认识到"化学变化的平衡状态受外界因素影响"这一既定事实，是否会动态进行分析。

【第 28 题】（2）F. Daniels 等曾利用测压法在刚性反应器中研究了 25 ℃ 时 N_2O_5（g）分解反应：

$$2N_2O_5(g) \longrightarrow 4NO_2(g) + O_2(g)$$
$$\Downarrow$$
$$2N_2O_4(g)$$

其中，NO_2 二聚为 N_2O_4 的反应可以迅速达到平衡。体系的总压强 p 随时间 t 的变化如下表所示 [$t = \infty$ 时，N_2O_5(g) 完全分解]：

t/min	0	40	80	160	260	1300	1700	∞
p/kPa	35.8	40.3	42.5	45.9	49.2	61.2	62.3	63.1

第28题（2）小题④ "25 ℃时$N_2O_4(g) \rightleftharpoons 2NO_2(g)$反应的平衡常数$K_p =$ ____ kPa（K_p为以分压表示的平衡常数，计算结果保留1位小数）"。

本题检测考生利用平衡思想，分析平衡体系，解决相关问题的能力。考生要根据题目假设，即体系中只存在平衡"$N_2O_4(g) \rightleftharpoons 2NO_2(g)$"，分析刚性体系中$N_2O_4(g)$、$NO_2(g)$和$O_2(g)$三种物质，利用压强关系计算。起始总压为35.8 kPa（此时全部为N_2O_5），达到平衡时（N_2O_5完全分解），生成$O_2(g)$的分压为19.8 kPa，则体系中$p(N_2O_4) + p(NO_2) = (63.1 - 19.8)$ kPa，且$2p(N_2O_4) + p(NO_2) = 35.8 \times 2$ kPa。联合以上两式，求得$N_2O_4(g)$、$NO_2(g)$的分压后，即可算出K_p。

变化观念与平衡思想内涵丰富，它包括化学变化的条件、反应的方向和限度、反应过程中的能量转变，还涉及对物质及其变化的辨识、探析和表征等，以上仅以全国卷Ⅰ出现的部分题目为例，剖析对该核心素养维度的检测。

（三）证据推理与模型认知

1. 证据推理

实证研究对化学学科十分重要，分析解决问题要基于证据（数据）而稳步进行，科学结论是基于多次反复的证实或证伪而得到的。全国卷Ⅰ第7题，题目给出的流程图如图2所示。

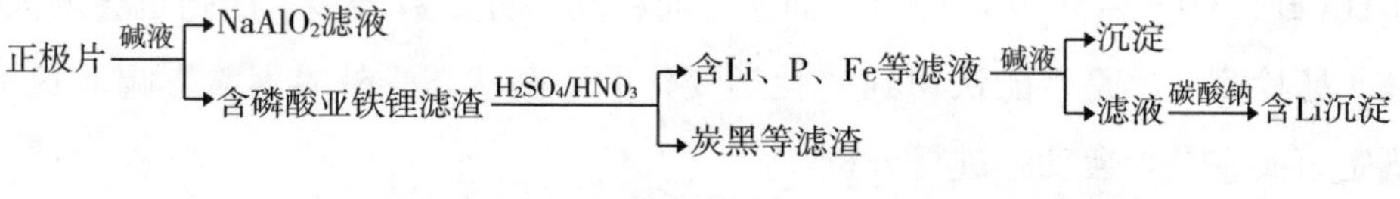

正极片 →碱液→ $NaAlO_2$滤液
　　　　→含磷酸亚铁锂滤渣 →H_2SO_4/HNO_3→ 含Li、P、Fe等滤液 →碱液→ 沉淀
　　　　　　　　　　　　　　　　　　　　　 炭黑等滤渣　　　　　 滤液 →碳酸钠→ 含Li沉淀

图2　2018年全国卷Ⅰ第7题的流程图

流程中存在明显现象，即加入硫酸和硝酸后得到"含有Li、Fe等滤液"，考生抓住这一现象（证据），可推得硫酸锂为可溶，故D选项中"上述流程中可用硫酸钠代替碳酸钠"是错误的。再如第12题，考查元素周期表周期律推断。题干表述为："主族元素W、X、Y、Z的原子序数依次增加，且均不大于20。W、X、Z最外层电子数之和为10；W与Y同族；W与Z形成的化合物可与浓硫酸反应，其生成物可腐蚀玻璃。"给出关键信息（证据）："W

与 Z 形成的化合物可与浓硫酸反应，其生成物可腐蚀玻璃。"基于该信息，考生推得 W 为氟元素，其他元素随之推出，该题便迎刃而解。又如第 27 题第（2）小题①"pH = 4.1 时，I 中为（　　）溶液（写化学式）"，流程图（图 3）中 I 环节 pH = 4.1（工业事实），因为 H_2CO_3 饱和溶液的 pH 在 5.6，Na_2SO_3 溶液为碱性，考生推得该溶液为 $NaHSO_3$ 溶液。以上小题深刻考查学生根据题目所给的证据（或数据），结合已有知识，做出合理推理的能力。

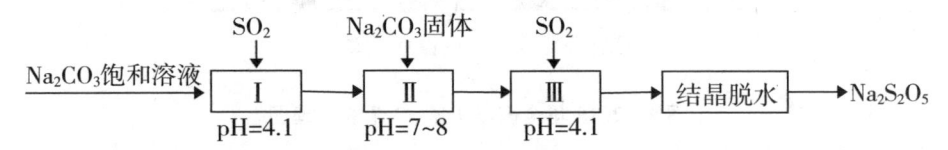

```
              SO₂      Na₂CO₃固体    SO₂
               ↓          ↓          ↓
Na₂CO₃饱和溶液→[ I ]→[ II ]→[ III ]→结晶脱水→Na₂S₂O₅
             pH=4.1    pH=7~8    pH=4.1
```

图 3　2018 年全国卷 I 第 27 题的流程图

2. 模型认知

化学研究对象往往微观且抽象，人们在积累大量感性认识的基础上，抽象简化出化学模型，呈现出物质及其变化的基本规律。考生要善于运用模型化的科学方法，解决化学问题。第 27 题（3）小题（原理图如图 4 所示），以制备 $NaHSO_3$ 为载体，考查电解池相关知识，要求考生运用所学电解池模型，分析解决问题。电解池模型中，阳极放电顺序为：活性材料＞溶液中阴离子。如果采用活性材料，显然对制备 $NaHSO_3$ 无益，故为惰性材料。当溶液中有多种阴离子存在时，由放电顺序得出答案（$4OH^- - 4e^- === O_2\uparrow + 2H_2O$ 或 $2H_2O - 4e^- === 4H^+ + O_2\uparrow$）。根据模型电解池中"阴离子移向阳极，阳离子移向阴极"，若交换膜为阳离子交换膜，稀 H_2SO_4 中 H^+ 向右移动，在 a 室中与 Na_2SO_3 反应，增大 $NaHSO_3$ 的浓度。本小题意在检测考生是否牢固树立电化学模型，利用模型解决化学问题。再如第 35 题（4）小题，给出 Born – Haber 循环（图 5），提问第一电离能、键能、晶格能等概念。考生如果能建立相关模型，问题便可顺利解决。如第一电离能，即 1 mol 气态电中性基态原子失去一个电子转化为气态基态正离子所需要的能量，用方程式表示即 $M(g) - e^- \longrightarrow M^+(g)$。根据图 5，即可求出 Li 原子的第一电离能。

阳离子交换膜

a室 b室

+   −

稀H_2SO_4 SO_2碱吸收液

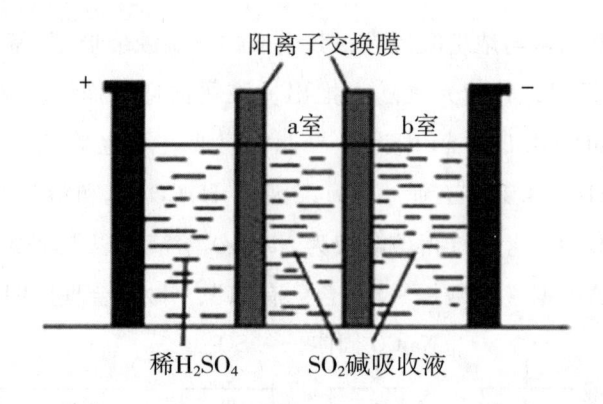

图4 2018年全国卷Ⅰ第27题的原理图

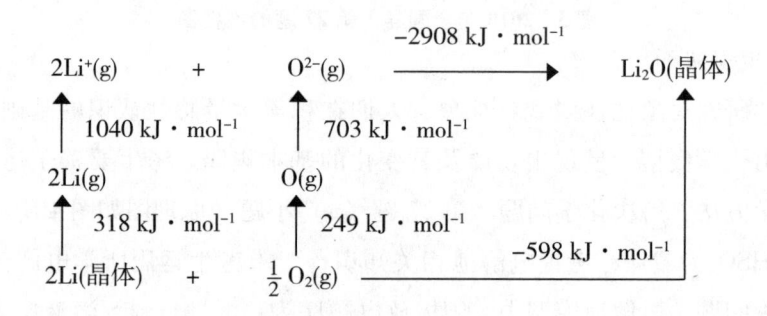

$2Li^+(g)$ + $O^{2-}(g)$ $\xrightarrow{-2908\ kJ\cdot mol^{-1}}$ Li_2O(晶体)

↑ 1040 kJ·mol^{-1} ↑ 703 kJ·mol^{-1}

$2Li(g)$ $O(g)$

↑ 318 kJ·mol^{-1} ↑ 249 kJ·mol^{-1} −598 kJ·mol^{-1}

$2Li$(晶体) + $\frac{1}{2}O_2(g)$

图5 Born – Haber 循环图

（四）其他化学学科核心素养维度的检测

2018年理综全国卷Ⅰ化学试题以化学化工成果为情境，或呈现出精彩的探究过程，或体现了化学的独特作用，引导考生培养"科学态度与社会责任"核心素养，落实立德树人的教育根本任务。在"科学探究与创新意识"方面也有检测，如第36题（7）小题，要求考生领会题目给出的合成路线，设计出一种陌生物质的合成路线，考查考生的创新意识，培养考生的创新能力。

二、教学启示

1. 化学教学要注重学科核心素养的培育

通过以上分析，我们可以看出高考化学试题突出对学科核心素养的检测。从文中所举的试题，以及限于篇幅没有详细列举的试题中，我们可以看到试题在情境素材的选择、解题思路、解题规范等方面，都考虑到了考生掌握化学学科核心素养的程度。试题从物质结构与性质的关系、反应原理的视角，考查元素化合物知识，考查化学研究方法、化学观念，体现了化学教学中培育学生核心素养的鲜明导向。

2. 化学教学要注重基础性和综合性

高考试题涉及的知识点和方法都是化学学科中的必备知识和基本方法，但在具体应用上又要求综合性和灵活性。因此，要求教师在平时的教学中，基础知识必须讲透，且要有一定深度和广度；要求学生掌握基本技能与方法，并在实际情境中懂得应用；要注意发挥实验的功能，实验中学生要将知识、技能综合运用，以达到实验目的。同时，讲练结合，使学生不仅能解决单一的、基础的问题，还能在面对综合问题时，懂得如何运用必备知识和基本技能。

3. 注重化学与STSE1的联系，培养科学精神

2018年理综全国卷Ⅰ化学试题的情境包括新能源汽车的动力电池、CO_2+H_2S协同转化装置、气体分析中的氧气吸收剂、绿色硝化技术、高分子膨胀剂等，让学生认识到了化学在社会、科技、生活以及环境改善等方面不可忽视的作用，引导学生树立正确的价值观，激发学习的积极性，培养学生的科学精神。

参考文献：

[1] 中华人民共和国教育部. 普通高中化学课程标准（2017年版）[M]. 北京：人民教育出版社，2018.

[2] 教育部考试中心. 2018年普通高等学校招生全国统一考试大纲：理科 [M]. 北京：高等教育出版社，2017.

[3] 吴星. 对高中化学核心素养的认识 [J]. 化学教学，2017（5）：3-7.

选择题中的大观念

——2018年高考理综全国卷化学选择题的设计特色

王云生[①]

2018年高考化学全国卷在选择题的情境设计和设问上颇有特点。与非选择题相比，选择题的难度相对较小，但在信息获取、加工能力等方面的考查，以及对于考生分析推理能力的考查都很到位，也比较有效。试题非常注重考查基于实验现象，基于化工生产和科研的真实信息与数据，基于化学的基本原理和规律进行分析推理的能力，体现了对"宏观辨识与微观探析""变化观念与平衡思想""证据推理与模型认知""科学探究与创新意识""科学态度与社会责任"五个方面的化学学科核心素养的关注和考查。下面选取4道选择题做简要评析。

【理综全国卷Ⅰ第7题】磷酸亚铁锂（$LiFePO_4$）电池是新能源汽车的动力电池之一。采用湿法冶金工艺回收废旧磷酸亚铁锂电池正极片中的金属，其流程如图所示。

正极片 —碱液→ $NaAlO_2$滤液 / 含磷酸亚铁锂滤渣 —H_2SO_4/HNO_3→ 含Li、P、Fe等滤液 / 炭黑等滤渣 —碱液→ 沉淀 / 滤液 —碳酸钠→ 含Li沉淀

下列叙述错误的是（　　）

A. 合理处理废旧电池有利于保护环境和资源再利用

B. 从"正极片"中可回收的金属元素有Al、Fe、Li

C. "沉淀"反应的金属离子为Fe^{3+}

D. 上述流程中可用硫酸钠代替碳酸钠

（答案 D）

【解析】试题十分有效地考查了考生从情境中获取解题有用信息的能力。

[①] 王云生，福建师范大学基础教育课程中心研究员，福建教育学院化学教学研究所研究员、特级教师。

题设的回收磷酸亚铁锂电池废旧正极片的工艺流程图，简洁地提供了试题的情境。其中隐含着解题要用到的各种物质及其变化的宏观信息。如，正极片处理过程中获得的各种金属元素的化合物、所得的化合物的存在状态（在溶液中或是不溶性固体）等。考生应用常见金属及其化合物转化关系、氧化还原和离子反应等知识可以解读工艺流程，理解宏观现象中的微观变化。了解可回收的金属元素；磷酸亚铁锂滤渣用硫酸、硝酸处理得到的滤液中含锂、铁，说明铁是以 +3 价的离子形式存在的；滤液加碱中和得到氢氧化铁和可溶性硫酸锂，后者可以转化为不溶于水的碳酸锂。从题设获取了这些有用信息，判断各选项的正误就是水到渠成的事。可以说，本道试题主要考查的是考生应用化学基础知识从工艺流程中获取信息的能力。考生在解答过程中还可以体会到化学在废金属材料回收、资源综合利用和环境保护等方面的应用和贡献。

【理综全国卷Ⅱ 第9题】实验室中用如图所示的装置进行甲烷与氯气在光照下反应的实验。

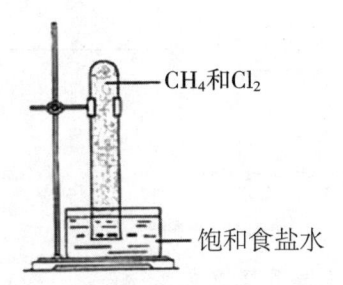

光照下反应一段时间后，下列装置示意图中能正确反映实验现象的是（　　）

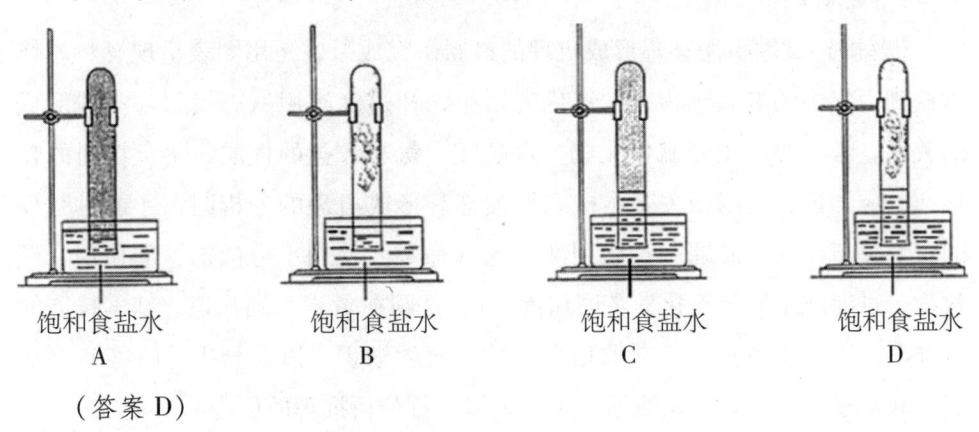

A　　B　　C　　D

（答案 D）

【解析】试题运用实验图示呈现甲烷与氯气在光照下反应后可能出现的宏观现象（包括反应体系中物质的颜色、状态变化，饱和食盐水进入试管与否、进入的高度等），让考生依据甲烷与氯气反应的特点，推测、判断实验出现的真实情境。本题有效地考查了考生阅读实验图表并从中获取实验信息的能力，对甲烷的氯代反应机理的认识和掌握程度，对实验宏观现象和变化的微观本质之间关联的理解程度，及基于实验现象和反应原理做分析推理判断的能力，是一道有特色的试题。

【理综全国卷Ⅱ第8题】研究表明，氮氧化物和二氧化硫在形成雾霾时与大气中的氨有关（如图所示）。下列叙述错误的是（　　）

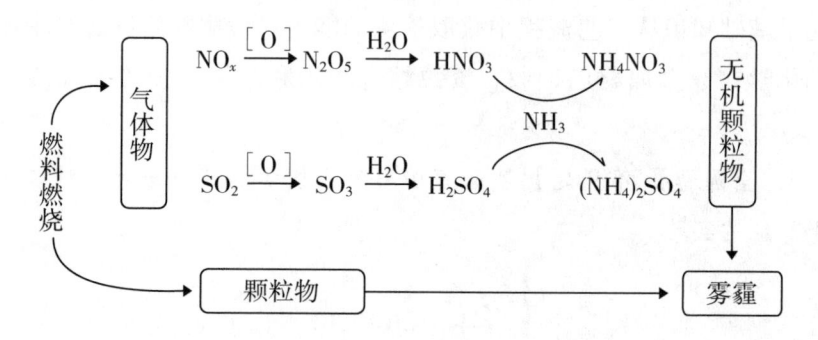

$$燃料燃烧 \to 气体物 \begin{cases} NO_x \xrightarrow{[O]} N_2O_5 \xrightarrow{H_2O} HNO_3 \xrightarrow{NH_3} NH_4NO_3 \\ SO_2 \xrightarrow{[O]} SO_3 \xrightarrow{H_2O} H_2SO_4 \xrightarrow{NH_3} (NH_4)_2SO_4 \end{cases} \to 无机颗粒物$$

$$燃料燃烧 \to 颗粒物 \to 雾霾 \leftarrow 无机颗粒物$$

A. 雾和霾的分散剂相同
B. 雾霾中含有硝酸铵和硫酸铵
C. NH_3 是形成无机颗粒物的催化剂
D. 雾霾的形成与过度施用氮肥有关

（答案 C）

【解析】试题引用雾霾形成机理的最新研究成果，运用图表呈现燃料燃烧排放到大气中的氮氧化物、二氧化硫颗粒物和过度施用氨态氮肥与雾霾形成的关系。考生要运用氮硫氧化物、含氧酸、氨和铵盐的性质、化合物间的转化和反应知识，应用相关基本概念解读雾霾形成机理的分析图，才能对题设的4个关于雾霾的命题做正误判断（这些命题，使用了分散剂、催化剂、颗粒物、过度施用氮肥等化学名词和概念）。试题在考查基础知识、基本技能的基础上，进一步考查考生获取信息、整合已学知识，以及分析、解答问题的能力和基于真实化学现象数据、基于规律进行分析推理的能力。

【理综全国卷Ⅲ 第11题】一种可充电锂－空气电池如图所示。当电池放电时，O_2 与 Li^+ 在多孔碳材料电极处生成 Li_2O_{2-x}（$x=0$ 或 1）。下列说法正确的是（　　）

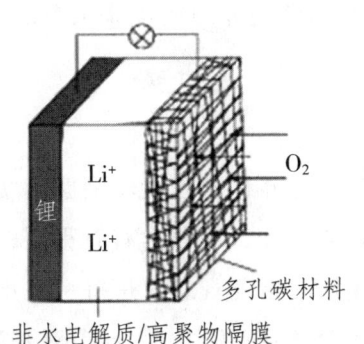

A. 放电时，多孔碳材料电极为负极

B. 放电时，外电路电子由多孔碳材料电极流向锂电极

C. 充电时，电解质溶液中 Li^+ 向多孔碳材料区迁移

D. 充电时，电池总反应为 $Li_2O_{2-x} == 2Li + (1-\dfrac{x}{2})O_2$

（答案 D）

【解析】试题提供了可充电锂－空气电池的基本构造和放电时电池工作物质的变化，旨在考查考生基于原电池和电解池的工作原理分析陌生的可充电电池工作原理的能力。考生应用原电池工作原理和试题的信息，可以判断电池的正、负极，进而判断放电时的电流流向，就可以判断选项A、B的正误。考生只要掌握了原电池和电解池的工作原理，认识电池充电的原理和方法，知道电池充电要把电池的负极（锂电极）连接到外接电源负极作为电解池的阴极，使之发生还原反应；要把电池的正极连接到外接电源正极，作为电解池的阳极，使氧负离子氧化，转化为氧分子，如此，就可以判断选项C、D的正误。

探索日常命题中的化学素养考查

——以2018年辽宁省大连市双基测试题为例

赵 扬[①]

2018年高考已经结束,该年的高考化学命题落实深化高考考试内容改革的要求,体现化学学科核心素养,对教学有着重要的方向性指导作用。如何在平时的练习中体现构建核心素养观念,是每一位化学教师和化学试题命题者关注的问题。笔者就2018年在辽宁省大连市双基测试题中出的一道试题,谈谈对化学学科核心素养考查的命题探索。

【第21题(有改动)】车用燃料电池技术的研究受到国家的重视,目前利用氢能的氢氧燃料电池技术发展较成熟,某兴趣小组想探究氢氧燃料电池反应的工作原理,设计如图(a)所示的实验装置。实验前,U形管中装满溶液,电极均为铂电极。

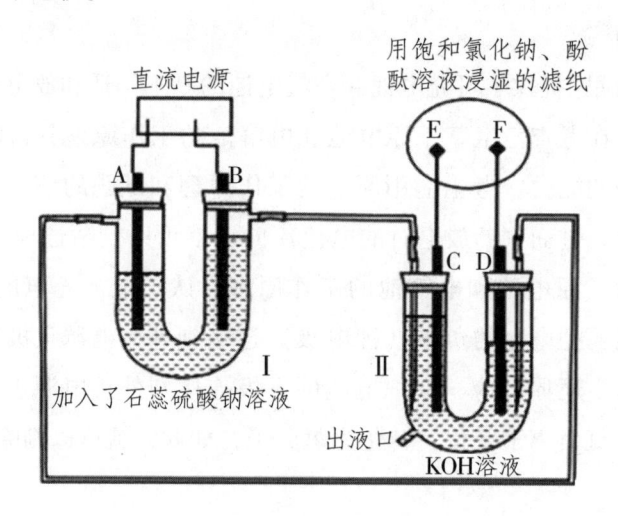

图(a)

(1) I 池为_____(填"原电池"或"电解池"),如何判断A、

[①] 赵扬,辽宁省大连市一零八中学教师。

B 的电极类型：_____。B 极的电极反应式：_____。

（2）通电一段时间后，滤纸上发生明显颜色变化，则发生反应的化学方程式：_____。

（3）Ⅱ池中 C 电极的作用为：_____，写出Ⅱ池中 D 极的电极反应式：_____。

该兴趣小组查阅资料发现现有的技术在原料氢气的储存和运输方面都存在安全隐患，同时发现 2017 年 3 月大连理工大学研究"铂－碳化钼催化甲醇和水液化重组制备氢气"的新方法获得重大突破，并在美国《自然》杂志上发表了研究成果，具体原理如图（b）所示。

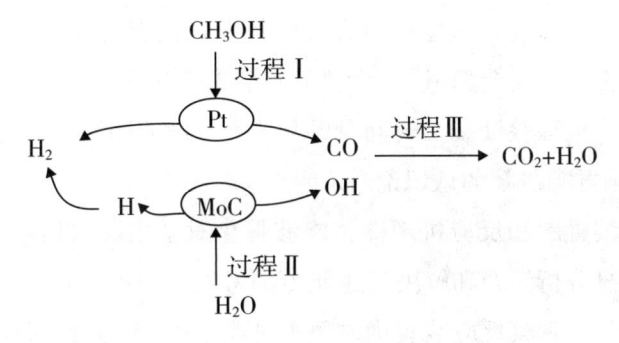

图（b）

（4）过程Ⅱ属于_____（填"吸热"或"放热"）过程。

（5）依据下表写出总反应的热化学方程式：_____。

化学键	C=O	H—H	C—O	H—O	C—H
$E/kJ \cdot mol^{-1}$	803	436	326	464	414

（6）天然气是一种清洁的化石燃料，也可以在一定的条件下与水反应产生 CO_2 和 H_2。若生产等量氢气，则消耗甲醇和甲烷的质量比：_____。

【解析】依据化学的学科基础和特点，创设科学探究与创新意识。本题第 1 段材料是以 2016 年全国化学实验大赛一等奖的一个探究实验为载体，联系社会热点"车用燃料电池技术"进行编写。化学作为一门自然科学，既有自己的科学体系，又有与之适应的学习方法和考查角度。特别是化学实验，体现了本学科的特点。本题依托"氢氧燃料电池反应的工作原理科学探究"，创新实验装置，展开对电化学基本原理基础知识点的考查。

选取真实情境问题解决背景，倡导科学态度与社会责任。本题第 2 段材料的背景——2017 年 3 月 30 日国家自然科学基金委员会关于"我国学者的催化产氢研究工作取得重大突破"的一篇报道。以真实的科学问题、关注的社会发展与进步问题为题干信息，特别是利用这样的新闻编写的化学试题，让枯燥的题目变得生动，让学生体会到化学并不只在书本里，学化学并非只是为了高考，学好化学更能为人类的发展和社会的进步做出巨大贡献，从而认识化学学科的价值，形成可持续发展和绿色化学的观念，并对化学有关的热点问题做出正确的价值判断，培养正确的科学态度与社会责任。

合理布局试题层次和结构，搭建证据推理与模型认知。本题在两部分知识的连接建构上，以"该兴趣小组查阅资料发现现有的技术在原料氢气的储存和运输方面都存在安全隐患"，合理引入第 2 段背景信息。完成从"提出问题—实验探究—推理验证—发现问题并思考"的知识牵引过程，符合哲学中"实践—认识—再实践"的认识论。

图表包含装置图和反应机理图，能够强化对学生获取信息、加工和处理信息、利用信息分析问题和解决问题能力的考查。如第（1）问中 A、B 电极的名称，需要学生观察反应装置中左侧 U 形管的气体的量，并结合电解产物来判断。图（a）左面 U 形管部分和滤纸上的实验考查的是学生对电解原理的认知，图（a）右面 U 形管部分考查的是学生对原电池的认知，图（b）考查的是学生对反应机理知识的认知。

巧设疑问，构建体现宏观辨识与微观探析、变化观念与平衡思想的题设。本题第（2）（3）问是让学生通过宏观的"滤纸上发生明显颜色变化"实验现象辨识，书写微观的反应方程式。本题第（4）问意在让学生通过微观原子重新组合知识，探析、判断宏观热量的变化。无论是溶液或滤纸上的颜色，还是伴随的能量变化，又或是否有新物质的生成，都体现了"化学是变化之学"。书写热化学方程式考查的是学生是否能意识到应书写可逆号，是否认识到化学变化在一定限度内是可以调控的。本题第（5）问又从微观的微粒认知到宏观的质量分析计算，考查学生的计算能力。

总之，化学高考模拟试题的命题必须有指导性和方向性，接近于高考的命题要求。这不仅需要命题者准确理解化学学科核心素养的内涵、具体表现以及水平描述，还要充分挖掘素材所涉及的科学原理和概念，更要深入挖掘相关素材中的科学研究方法和科学思维路径。然后通过科学的结构，有效组织和编排有关素材和设问，凸显"素养为本"这一核心理念，其他方面都要为考查目标服务，这样才能更有效地实现对学生核心素养的测试。

参考文献：

[1] 王后雄. 基于"素养为本"的高中化学学业水平考试命题研究 [J]. 中国考试，2018（1）：27 – 38.

高考内容改革对化学教学的导向

——以 2019 年高考理综全国卷化学试题为例

王云生[①]

高考的核心功能是立德树人、服务选才、引导教学。具有一定指挥棒作用的高考，对基层教学发挥着重要的导向作用。如何体现高考立德树人"一堂课"、引导教学"一面旗"、服务选才"一把尺"的作用，提升高考的育人功能？下面以 2019 年三套高考理综全国卷为例，透视高考改革的新动向，剖析其对当前教学改革的引领作用。

一、试题的情境设计引领政治方向，体现立德树人"一堂课"的作用

2019 年三套高考理综全国卷的化学试题，在试题情境素材选择与问题情境创设上，努力挖掘中华民族优秀文化中的工匠精神和技术创新思想，呈现我国科学家在化学科学与技术领域的研究成果，在高考考场上为正处于成长关键期的青年学生上好"一堂课"，凸显了价值引领作用。

化学试题选择的情境素材不仅有弘扬我国古代化学工艺成就的实例，还有许多出自当前科技领域研究的成果和热点。例如，全国Ⅰ卷第 7 题将我国"雨过天晴云破处"所描述的瓷器制造工艺成就作为选项内容；第 10 题以少量 HCl 气体在 253 K 冰面上吸附和溶解的过程为例，通过设问展示了固体界面上强酸吸附和解离的重要研究课题；第 28 题以我国化学工作者在《科学》(*Science*) 上发表的在 α-MoC 上的单层金原子对水煤气低温催化反应的研究成果为素材，比较全面地考查了考生对化学反应原基础知识的理解和掌握程度；第 35 题以我国科学家在《自然》(*Nature*) 上发表的有关双相纳米高强度镁合金研制成果为情境，考查物质微观结构的基础知识。全国Ⅱ卷第 35 题以 *Nature* 刊载

[①] 王云生，福建师范大学基础教育课程中心研究员，福建教育学院化学教学研究所研究员、特级教师。

的 Fe－Sm－As－F－O 铁基化合物的超导体及相关化合物为载体，考查原子结构、分子结构、分子间力和氢键以及晶体结构等核心知识点。全国Ⅲ卷第 13 题以科学家近期设计的新型二次电池为载体，考查电化学的基础知识；第 28 题以氯化氢回收转化为氯气的科技研究热点作为问题情境，设计考查考生综合运用化学反应原理知识的能力。这些试题情境，有的展示了我国劳动人民、科学家对人类发展和社会进步做出的贡献，弘扬了我国科学技术工作者为中华民族的复兴而奋斗的精神；有的用最新的科学技术成就，展示了化学科学的创造力和对社会的贡献，激励青年学生为促进社会的可持续发展而努力学习。在考查化学基础知识与学习能力的同时，这样的情境给青年学生上了一堂充实、新颖的人文精神教育课，激发他们为中华民族伟大复兴而奋斗的责任感和使命感。

高考化学试题在情境素材选择与应用上的设计，为高中化学教学中学习情境的创设树立了样板。高中化学教学应该着力落实社会主义核心价值观、科学态度、科学精神的培育，促进学生科学文化素质和思想道德素质的全面发展和提升。

二、综合性、应用性、探究性和开放性的试题，树起"一面旗"，引领探索培育学生核心素养的途径

2019 年三套理综全国卷中的化学试题，注重考查考生的学科必备知识、化学观念、思维方式和关键能力，考查考生能否从多角度观察、思考、发现、分析和解决有关化学的应用性问题，测评学生的学科素养和社会主义核心价值观，体现了考查的综合性、应用性、探究性和开放性。

（1）试题努力将考试内容与社会发展、科技进步、生产生活实际问题紧密联系起来，要求考生运用所学化学基础知识解释说明或解决问题，引导学生关注社会，理论联系实际，学以致用。如全国Ⅰ卷第 12 题以利用生物燃料电池原理研究室温下氨的合成问题为载体，考查考生能否正确运用所学知识解释该项研究中的有关问题；第 35 题要求从 $MgCu_2$ 拉维斯结构的立方格子及其对角面的截图及有关数据中获取信息，做归纳和统摄性的分析、计算，以确定晶体中铜原子间、镁原子间的最短距离，求出 $MgCu_2$ 的密度。全国Ⅱ卷第 26 题就白色颜料立德粉生产工艺流程中的若干问题设问,考查考生对元素化合物知识的理解程度和运用能力;第 28 题利用从茶叶末中提取咖啡因的实验实例,考查考生对实验方法、实验基础知识和基本技能的掌握和运用能力。全国Ⅲ卷第 36 题以 Heck 反应合成氧化白藜芦醇(一种抗病毒药物)的路线为情境,考查考生对有机化学基础知识的理解和掌握情况。

(2)各卷的非选择题在化学知识、化学概念、化学观念、化学认知方式、研究方法的考查上,着重考查考生对核心基础知识的理解程度和灵活运用能力。全国Ⅰ卷以考查化学反应原理内容为主的第 28 题(3),运用金催化剂表面上水煤气变换反应历程的图示提供解题的必要信息,要求考生分析、判断水煤气变换的焓变,反应历程中最大的能垒,写出该步骤反应的化学方程式。考生要阅读、理解反应过程的能量变化图,结合反应过程的能量变化规律的新知识,理解反应焓变,运用研究催化反应机理的过渡态理论做分析。题(4)提供了在两种不同温度下,水煤气变换中 CO 和 H_2 的分压随时间变化的函数图像,要求考生辨别图中 4 条曲线,分别是哪一个温度下、哪一种气体的分压变化图线。试题的解答,需要对水煤气变换反应($CO + H_2O \Longrightarrow CO_2 + H_2$,$\Delta H < 0$)的特征有比较深刻的理解,认识该反应的正反应是体积不变的放热反应,温度升高有利于反应速率的提高,但会降低水煤气变换的转化率,再利用题(2)解答中得到的结果(反应体系中氢气的物质的量分数在 0.25~0.50)做推理判断。

(3)以联系实际的研究性、应用性化学实验课题为素材,设计考查实验探究能力的试题。化学实验考查题,比往年更重视考查考生依据实际问题的情境,灵活、综合地应用实验基础知识、基本技能的能力。全国Ⅱ卷的第 28 题以从茶叶末中提取咖啡因的实验流程和操作方法为载体,全国Ⅲ卷的第 27 题以阿司匹林的实验室制取方法和实验过程为载体,分别考查考生对化学实验知识的掌握情况,对实验原理的认识,对实验装置、仪器(如索氏提取装置、直线形和球形冷凝器)的辨识与正确选用;考查考生能否依据特定的实验问题情境,灵活选择、综合运用物质分离提纯的基本方法和基本实验操作技能。这些试题的解答,涉及制备反应的实验原理,萃取、蒸馏、浓缩、提纯等实验基本操作的原理、方法,仪器、装置、试剂的使用技能与注意事项的各个方面。

（4）试题非常重视考生综合运用知识分析解答问题的关键能力。全国Ⅰ卷第 13 题，属于运用元素周期表、原子结构、元素性质基础知识推断元素的常见题型。但是，试题的设计很有特色，有效地考查了学生的关键能力。试题要求推断的 W、X、Y、Z 四种元素，呈现在考生非常陌生的一种化合物的结构式中。题干只说明这几种元素位于同周期，Z 核外最外层电子数是 X 核外电子数的一半。解答所需要的信息隐藏在题干和给定的结构式中。考生需要综合运用元素在周期表中的位置、原子结构和元素性质三者关系的知识，并从给定的结构式中获取元素化合价、成键特点等信息，做综合分析判断，才能顺利解答。例如，要从题设给出的 3 项信息中做分析，认识 X 元素的原子序数是偶数，是同周期 Z 元素族序数的 2 倍，X 元素能形成 4 个共价键，Z 元素能形成一个共价键。综合这些信息做推理可以断定，Z、X 分别在第 7、4 主族，且在同一短周期，因此只能是 Cl、Si；再从结构式中判断元素 Y 的化合价（−3），确定 Y 是同周期的 P 元素。该试题的"难"，不在于情境新，也不在于素材引用自顶级期刊的研究内容，而在于其对基础核心知识的理解程度和综合运用能力要求高。全国Ⅱ卷第 13 题，要求判断分子式为 C_4H_8BrCl 的有机物有几种（不含立体异构）。考生从有机物同分异构现象形成的原因出发做综合分析，运用数学组合数的计算方法，就能顺利解答。因为，丁烷有两种异构体（正、异丁烷），一氯正丁烷有两种，在每种一氯正丁烷中再用一个溴原子取代氢原子，可以有 C_4^1（4）种，两种一氯正丁烷再取代一个溴原子，共有 8 种异构体。一氯异丁烷也有两种，每种再取代进一个溴原子，共有 4 种，因此答案是 12 种。遇到这种题目，考生如果一一去列举可能的同分异构体，得出答案，反而费力不讨好。

（5）试题从分析、推理与判断能力，归纳与论证能力，探究与创新能力三个方面考查考生的关键能力。2019 年延续了 2018 年对考生推理论证能力的考查，要求考生能基于化学实验事实、物质及其变化的数据、已经发现的物质的性质及其变化的规律性知识做有理有据的分析推理和判断。如全国Ⅰ卷第 27 题，要求基于硫酸铁铵晶体受热失去结晶水的失重数据，推断硫酸铁铵晶体的化学式；第 28 题（3），要求基于水煤气变换反应历程的相对能量变化数据，分析推理反应的焓变、历程中最大的能垒，书写某一步反应步骤的化学方程式。考生需要依据有关反应过程的能量变化的规律性知识和题设数据做分析推理，才能顺利解答。

（6）2019年三套理综全国卷化学试题的非选择题，对探究性和开放性方面的考查也很突出。不少试题应用化学科学技术发展的新成就、研究的新成果和热点作为载体，体现化学科学创新、创造的魅力，赞赏开拓、创造，着力培育考生的探究、创新意识，激励考生学会探究、乐于创新。一些试题引导或要求考生从新的角度或不同于传统的方法做分析研究以解答问题，旨在考查考生的创造性思维和探究学习能力。例如，全国Ⅲ卷的第28题，分别从新发明的氯化氢直接氧化回收制氯气的方法，采用新工艺改进传统电解氯化氢回收氯气的方案这两方面，综合考查了化学反应原理知识，让考生体会到科技创新的重要性，认识到化学工艺的改进、创新在促进社会生产发展上的作用和贡献。

（7）试题在信息能力的考查上，要求考生能从试题情境中获取信息，并对其进行加工、分析、归纳，最终用于问题的论证和探究。如全国Ⅰ卷的第35题（1），要求考生比较处于不同能态的镁，电离最外层一个电子所需的能量大小，与往常单纯考查元素基态原子电离能大小相比，突破了凭对规律性知识的记忆解答简单的物质微观结构问题的模式。全国Ⅱ卷的第27题（4）要求考生依据二茂铁的电化学制备原理图，从提供的反应装置、反应图式中获取必要信息，通过归纳加工，推断制备总反应的化学方程式，说明制备要在无水条件下进行的原因。全国Ⅲ卷第36题（6），要求考生从题设给出的Heck（一种有机反应）实例中，提取出该反应化学键断裂与生成的有关信息，并将之用于新化合物的合成。

三、做好"一把尺"，合理设计试卷的深度、广度，控制难度与区分度

2019年的三套理综全国卷中的化学试题，都体现了课程标准、考试大纲规定的学习、考试要求。同一套试题在难度、区分度上的设计比较合理，多数选择题难度不大，考生只要能理解、掌握考题考查的化学基础知识，在阅读理解试题的题干后即可直接或运用排除法确定正确的选项。5道非选择题

中，各小题的难度梯度设置也比较合理。从总体上看，考查元素化合物性质、转化知识的试题（如全国Ⅰ卷、Ⅱ卷的第26题），考查实验基础知识、基本技能的试题（如全国Ⅰ卷、Ⅲ卷的第27题），考查有机化学基础的试题（如全国Ⅰ卷的第36题），难度适中；考查化学反应原理的试题（如全国Ⅰ卷的第28题），考查物质结构与性质的试题（如全国Ⅰ卷、Ⅱ卷的第35题），难度稍大。这种设计有利于鼓励、促进化学实验和有机化学基础知识的教学，强化学生对化学反应原理的深度学习。

同一套试题难度、区分度的设计，显示了高考化学试题命制既考虑了化学教学的导向，也注意服务于人才的选拔，为高校输送优秀生源。试题的难度设计适中，而设计少量"难题"则有利于区别考生的实际水平，以便高校依据考生的素质、特长、继续学习的潜力做选拔。三套全国卷也注意依据使用地区的经济与教育的发展水平，在难度上做了适当的调整。从部分教师和考生的反映来看，与往年相比，总体难度上三套试卷之间的差异比往年稍大。全国Ⅱ卷、Ⅲ卷与Ⅰ卷相比，中等难度的试题比例增大，考查反应原理的非选择题（如Ⅱ卷的第27题、Ⅲ卷的第28题）难度比Ⅰ卷稍低。这种调整适应了我国不同地区在教育发展水平上的差距，有利于鼓励、推动教育发展水平相对较低的地区提高水平，促进教育公平。

从选择题中看化学必备知识与关键能力的考查

——以2020年高考理综全国卷中的化学选择题为例

王云生[①]

从历届高考理综全国卷的化学成绩统计分析看，考生要达到或超过全体考生的平均水平，一般要正确解答70%的选择题。在各套理综全国卷中，化学选择题的满分值（42分）占全卷化学总分（100分）的近一半。基于考试难度调控的需要，在保证试卷总体区分度的前提下，为减轻考生紧张、畏惧的心理，提高答题积极性和愉悦感，选择题更多地承载着最基础的化学核心知识的理解、掌握程度以及灵活运用能力的测评任务，较少涉及学科各部分内容综合运用的考查要求，总体难度相对低于非选择题。难度相对较低的选择题，如何实现必备知识和关键能力的考查？如何在考查考生对基础知识的理解程度的基础上，考查其在面对与学科相关的问题情境时，运用化学必备知识认识、分析、解决问题的关键能力？本文以2020年3套高考理综全国卷中的化学选择题为例，尝试分析其试题特点。

一、广泛联系生产、生活与化学科技新成就，提供真实情境

2020年高考理综全国卷，每套试卷中的化学选择题虽然只有7道，但试题情境创设真实，教育功能强，与考试要求契合度高。各道试题的素材与问题情境丰富，密切联系现实生活。3套试卷，有4道题是与我国现实生产生活中与化学密切相关的实际问题，如高考理综全国Ⅰ卷第7题，以国家卫健委公布的"新型冠状病毒肺炎诊疗方案"中提出的能有效灭活病毒的常见化学药品为素材，第8题引用从我国中药材中提取的紫花前胡醇作为考查有机化合物基础知识的素材；全国Ⅱ卷第7题以北宋沈括《梦溪笔谈》中有关信州

[①] 王云生，福建师范大学基础教育课程中心研究员，福建教育学院化学教学研究所研究员、特级教师。

铅山苦泉的记载为背景；全国Ⅲ卷第 7 题的素材挖掘自我国名画《千里江山图》的绘画颜料中蕴含的化学知识。此外，3 套试卷中有 10 道题取材于化学科学技术发展和环境保护事业的成就，有 3 道题以真实的化学实验为情境。选择题有真实的问题情境，能让考生在考试中感受到化学科学与实际生产生活、科学发展、环境保护事业是密切相关的，了解我国在化学科学研究和发展中取得的成就。

3 套试卷的化学选择题，对最基础的化学核心知识的考查，内容比较广、考查效度高。试题考查内容包括与化学密切相关的生活常识，常见元素化合物（包括有机化合物）的性质与转化反应，电解质溶液基础知识，电化学反应基础知识，化学实验基础知识与基本技能，化学计量与化学语言符号的阅读理解与使用等。考查考生对化学学科基本问题、基本原理、基本思想的理解程度，对基本的化学科学知识（包括有机化学的基础知识）、学科研究方法的了解程度，运用化学语言、符号对化学问题作描述和分析的能力。也考评了考生的科学精神、思维能力与思维品质。在有机化学基础知识方面，近些年的化学选择题的考查内容和考查方式均体现了有机化学在化学科学中发展与应用的重要性。2020 年高考理综全国Ⅰ卷，涉及有机化合物知识的选择题有 3 道。各套试题中引用的有机化合物的组成、结构远比课本介绍的复杂，有具有多环结构、多种官能团的有机化合物（如黄酮类化合物、吡啶及其衍生物等），有的则以键线式呈现化合物的结构。要解答好试题，首先要快速解读题设有机化合物的结构式，认识常见各类有机化合物在元素组成、结构、性质上的特点。由此可见，考试要求体现了有机化学学习所需要的最基础的知识与最基本的能力。

选择题命制的内容与试题情境的创设，说明在化学教学中，教师要密切关注生产生活与化学科学的发展，引导学生理解、掌握、灵活运用最基础的化学学科核心知识；要克服局限于教材文本进行教学的陋习，把化学教得有趣、有用；要让学生打开眼界，联系化学基本概念、基本原理，观察、发现、认识与实际生产生活密切相关的最基本的化学知识，了解化学基础知识的应用价值，增强化学学习能力，提高运用化学基础知识认识、分析、解决问题的能力。

二、创新命题思路，遏制猜题、押题、题海训练

不少人认为，对于难度要求不高的高考化学选择题，只要记住最基本的概念、原理，熟记常见的元素化合物知识，再通过专项训练积累解题经验，就可以轻松应对；有的试题甚至一看题目就能猜出正确选项，属于"送分题"。近几年来，高考在选择题的命制上不断创新，在处理基础知识、关键能力考查方面有了很大的提高，有效遏制了猜题、押题、题海训练的风气，体现了高考对化学教学的正面导向作用。

2020 年高考理综全国卷中的化学选择题，进一步突破以往的命题模式，取得了良好效果。全国 I 卷第 11 题以 1934 年约里奥－居里夫妇运用核反应 $^W_ZX + ^4_2He \longrightarrow ^{30}_{Z+2}Y + ^1_0n$，得到人造放射性核素 $^{30}_{Z+2}Y$ 的事例为素材，要求考生"利用'元素 X、Y 的最外层电子数之和为 8'的信息，推断下列选项的正确性：A. ^W_ZX 的相对原子质量为 26；B. X、Y 均可形成三氯化物；C. X 的原子半径小于 Y 的；D. Y 仅有一种含氧酸"。考生从核反应式中获取三种核素中质子数、中子数发生的变化，依据核反应中质子数、质量数守恒的原理，结合试题给出的补充信息做分析、推断，判断元素 X、Y 的种类。而后再利用元素周期表中元素位置、元素原子结构、元素化学性质三者关系的规律性，结合常见的短周期元素及其化合物的性质特点做分析、推理，判断各选项的正误。

试题运用物理学科核反应的有关知识，巧妙地把对最基础的核心化学知识的考查与对证据推理能力的评价紧密结合起来。

2020 年高考理综全国 II 卷第 13 题，命题思路与 2019 年高考理综全国 I 卷第 13 题相似。试题给出一种由短周期主族元素 W、X、Y、Z 组成的有良好的储氢性能的化合物结构式（图1），并提供一则补充信息（元素的原子序数依次增大且总和为 24），要求考生对 4 种元素及其化合物的结构、性质的 4 个选项的正误做出判断。本题情境的复杂性、陌生度比 2019 年有所提高：考生先要依据题设信息分析推断 4 种元素的种类，再应用有关元素及其主要化合物的性质判断各选项的正误。正确解答本题的关键在于对 4 种元素种类的推断。考生要应用离子键、共价键的基础知识，从给定的化合物的结构，判断

四种元素化合价，据此推断各元素种类。由于某些短周期元素具有可变化合价，只依据元素X、Y在化合物中呈现的化合价判断其种类有一定难度，需要结合题设"4种元素序数总和为24"的信息，做综合分析与逻辑判断。试题通过这样的设计，有效考查了考生的逻辑思维能力。

$$Z^+[W-X-Y-Y]^-$$
（结构式，W原子分别连接在X、Y、Y上）

图1　W、X、Y、Z组成的化合物结构式

掌握化学反应基础知识与化学反应原理是化学学科最基本的学习要求之一，考生要能运用学到的知识对化学反应过程做分析；能解读、分析反应过程的图式，了解反应物、反应中间产物、反应产物、反应的条件（包括催化剂）、反应历程；或者能依据反应原理分析、说明反应过程的某些现象或数据变化，找出变化规律。2020年高考理综全国Ⅰ卷第10题、全国Ⅱ卷第11题都是这类试题。Ⅰ卷第10题用循环变化图式呈现铑的配合物离子$[Rh(CO)_2I_2]^-$催化甲醇羰基化的反应过程（图2），要求考生依据反应过程，判断下列选项的正误：A. CH_3COI是反应中间体；B. 甲醇羰基化反应为$CH_3OH + CO \rightleftharpoons CH_3CO_2H$；C. 反应过程中Rh的成键数目保持不变；D. 存在反应$CH_3OH + HI \rightleftharpoons CH_3I + H_2O$。

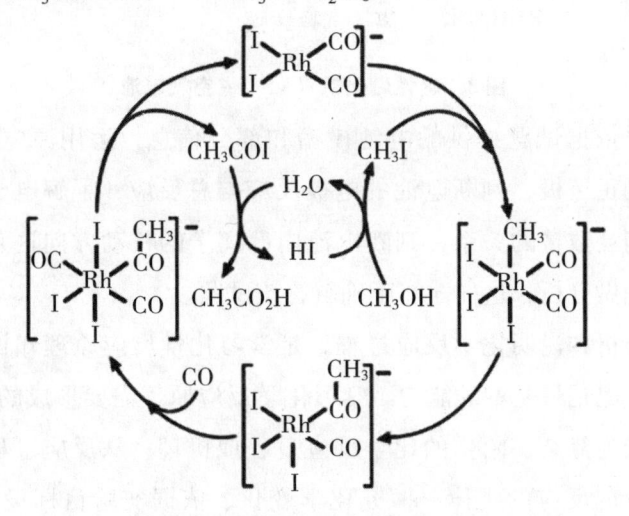

图2　铑的配合物离子催化甲醇羰基化的反应过程

考生要依据图式中箭头的指向，获取 [Rh(CO)$_2$I$_2$]$^-$ 催化剂在甲醇羰基化反应过程中的变化与作用，认识 HI、CO 和 CH$_3$COI 在反应过程中的作用，整体理解、把握甲醇羰基化的反应机理，才能对选项做出有理有据的分析判断。

2020 年高考理综全国Ⅲ卷第 12 题，以高性能的碱性硼化钒（VB$_2$）–空气电池（图 3）为载体，要求考生依据 VB$_2$ 电极上发生的反应，判断有关电池工作时的 4 项选项的正误：A. 负载通过 0.04 mol 电子时，有 0.224 L（标准状况）O$_2$ 参与反应；B. 正极区溶液的 pH 降低、负极区溶液的 pH 升高；C. 电池总反应为 $4VB_2 + 11O_2 + 20OH^- + 6H_2O \Longrightarrow 8B(OH)_4^- + 4VO_4^{3-}$；D. 电流由复合碳电极经负载、VB$_2$ 电极、KOH 溶液回到复合碳电极。

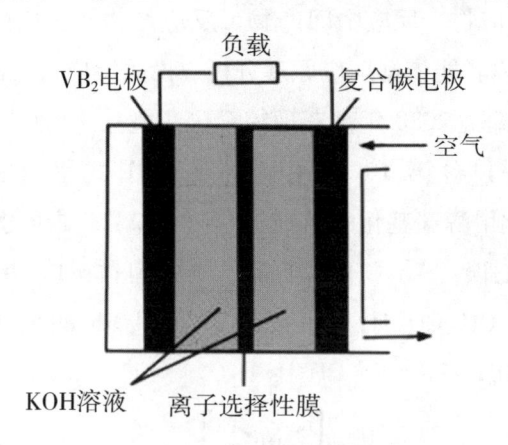

图 3 碱性硼化钒（VB$_2$）–空气电池

考生需要依据试题提供的电池模型和部分信息，运用原电池反应原理，从判断电池的正负极，判断电池的电极反应与总反应，了解电子转移数与电极上反应物消耗数量的关系，判断电池内部离子的移动方向这几个方面对电池的工作原理做分析，这样才能正确解答该试题。

认识、分析和说明化学反应过程，是学习化学反应原理知识要形成的关键能力之一，也是最基本的能力。学习化学反应原理需要形成的能力还包括：认识、分析较为复杂、陌生的化学反应过程或机理；从反应过程的现象、数据，分析、发现反应的规律；探究化学变化、依据实验目标设计反应流程，依据特定反应和环境提出调控化学反应的方法、措施，对反应过程做预测和说明；运用化学实验方法，探究某种化学现象，研究化学反应及其规律；等等。这些都是以往高考化学非选择题有关化学反应原理的考点。学生这类能力的形成，都要以化学反应过程的分析、解读能力为基础，逐步提升。因此，在日常化学教学中，教师要注意把化学反应基础知识、化学反应基本原理的学习和化学反应过程分析、解读能力的培养紧密结合起来。

三、运用化学学习工具呈现试题素材、情境和解题信息

2020 年高考理综全国卷中的化学选择题，在试题内容的呈现上十分重视化学用语、化学模型等学习工具的运用。考生要理解题意、把握试题设问的考查意图，首先要顺利地通过化学语言关和化学模型、图表的解读关。3 套试卷中的化学选择题，除了含有多种多样描述物质组成、结构反应的图式外，一共使用了 12 幅结构模型图、反应过程模型图表、反应数据图表和化学实验装置图。全国Ⅰ卷中的核反应图式，甲醇羰基化反应过程的图示，新型 Zn - CO_2 水介质电池示意图，NaOH 溶液滴定二元酸 H_2A 溶液 pH、分布系数 δ 随滴加 NaOH 溶液体积变化的关系图；全国Ⅱ卷中 2 - 乙烯基吡啶合成硅肺病药物的路线图示，海水酸化导致珊瑚礁减少的模型图，$Fe(CO)_5$ 催化某反应的一种反应机理图示，具有良好的储氢性能化合物的结构图式；全国Ⅲ卷中金丝桃苷的结构式，高性能的碱性硼化钒（VB_2） - 空气电池模型图，电极发生反应式等，都蕴含着丰富的信息，需要考生正确解读、理解题意，获取解题有用的信息。

全国Ⅰ卷第 13 题，是选择题中难度最大的题。试题利用图表（图 4）呈现以酚酞为指示剂，用 0.1000 mol·L^{-1} 的 NaOH 溶液滴定 20.00 mL 未知浓度的二元酸 H_2A 溶液，溶液中 pH、分布系数 δ 随滴加 NaOH 溶液体积 V 的变化关系，要求考生判断下列叙述正确的选项：A. 曲线①代表 $\delta(H_2A)$，曲线②代表 $\delta(HA^-)$；B. H_2A 溶液的浓度为 0.2000 mol·L^{-1}；C. HA^- 的电离常数 K_a = 1.0×10^{-2}；D. 滴定终点时，溶液中 $c(Na^+) < 2c(A^{2-}) + c(HA^-)$。

试题呈现的 NaOH 溶液滴定二元酸 H_2A 溶液过程中，对溶液 pH、离子分布系数 δ 变化的图表的正确解读是解题的关键。从图中的滴定曲线可以获取滴定反应过程的有关信息，做分析、判断。例如：到达滴定终点时所消耗的

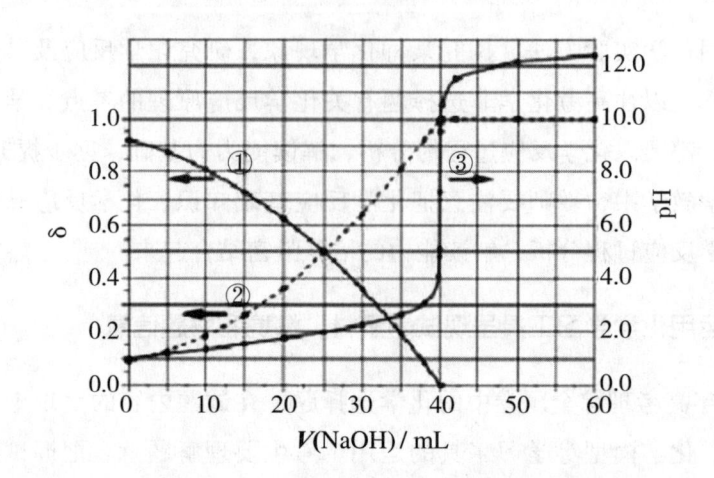

图4 δ、pH 与 $V(NaOH)$ 的变化关系图

酸溶液、碱溶液的体积关系，通过简单计算可求得二元酸的浓度；从滴定反应前二元酸溶液的浓度是 0.1000 mol/L、溶液 pH 是 1，可以判断 H_2A 第一步完全电离，溶液中不存在 H_2A 分子，因此可以断定两条分布曲线分别是 $\delta(HA^-)$、$\delta(A^{2-})$；二元酸的组分的分布系数曲线②随着滴定过程逐渐上升，在滴定终点 δ 值达到 1，可以判断曲线②是 A^{2-} 离子的分布曲线；当滴加的碱溶液体积是 25 mL 时，曲线①、曲线②相交，说明此时溶液中 HA^-、A^{2-} 浓度相等，从滴定曲线可以看到，此时溶液 pH 是 2，利用电离平衡常数计算式与 pH 可很快求得 HA^- 的电离平衡常数 $K_a = 1 \times 10^{-2}$；滴定终点，溶液呈弱碱性，根据溶液中阴、阳离子所带正负的电荷总数相等的原理可以判断：$c(Na^+) + c(H^+) = 2c(A^{2-}) + c(HA^-) + c(OH^-)$，即 $c(Na^+) > 2c(A^{2-}) + c(HA^-)$。根据上述分析，可以断定选项 C 叙述正确，其他选项的叙述都是错误的。

这一类试题的出现，说明化学学习工具也是化学最基础的核心知识和技能，若不能正确掌握和熟练使用化学学习工具，想要提高分析、解决化学实际问题的能力是不现实的。这也从一个侧面反映了对基础知识和基本技能的认识、理解和掌握是关键能力形成的基础。因此，在化学教学中，教师必须一体化地考虑基础知识、基本技能的学习和关键能力的培养。

高考评价体系的制定，明确了高考学科内容考试中必备知识与关键能力测试评价的内涵，也为学科教学处理好必备知识教学与关键能力培养的关系提供了讨论研究的方向。落实高考评价体系，发挥高考评价体系对高中学科教学的指导作用，需要高考命题人员、一线教师、教学研究人员共同努力。

参考文献：

[1] 王云生. 必备知识与关键能力的内涵及其关系——《中国高考评价体系》学习一得[J]. 福建基础教育研究，2020（7），117-120.

化学学科核心素养如何"被考"

——以 2021 年高考化学试题为例

支 瑶[①]

《普通高中化学课程标准（2017 年版 2020 年修订）》（以下简称"课程标准"）中指出，化学学业水平考试[②]命题应坚持以化学学科核心素养为测试宗旨，以真实情境为测试载体，以实际问题为测试任务，以化学知识为解决问题的工具，评价学生化学学科核心素养的发展状况和学业质量标准的达成程度。

2021 年高考和学业水平选择性考试（以下统称"高考"）的化学试题是如何实现对化学学科核心素养的考查的？对学科核心素养导向的评价设计有哪些启示？本文以 2021 年高考理综全国甲卷、乙卷和 2021 年普通高中学业水平选择性考试河北卷、广东卷、湖南卷的化学试题为样本，依据课程标准中界定的化学学科核心素养和学业质量水平，分析高考化学试题对学科核心素养的考查情况及对评价改进的启示。

一、全面考查化学学科核心素养，凸显素养内涵

依据化学学科核心素养"宏观辨识与微观探析""变化观念与平衡思想""证据推理与模型认知""科学探究与创新意识""科学态度与社会责任"5 个方面的内涵，笔者对 2021 年 5 套高考化学试题中的每个设问进行编码，计算出各能力要素在全套试题中所占比例（图 1），并结合试题对数据进行分析，得到如下结论。

[①] 支瑶，北京市海淀区教师进修学校中学高级教师，北京市特级教师。
[②] 化学学业水平考试包括学业水平合格性考试和计入高校招生录取总成绩的学业水平选择性考试两类。

```
150%
占  100%
比   50%
     0%
        样本A   样本B   样本C   样本D   样本E
                        样本
    □ 宏观辨识与微观探析    变化观念与平衡思想
      证据推理与模型认知    科学探究与创新意识
      科学态度与社会责任
```

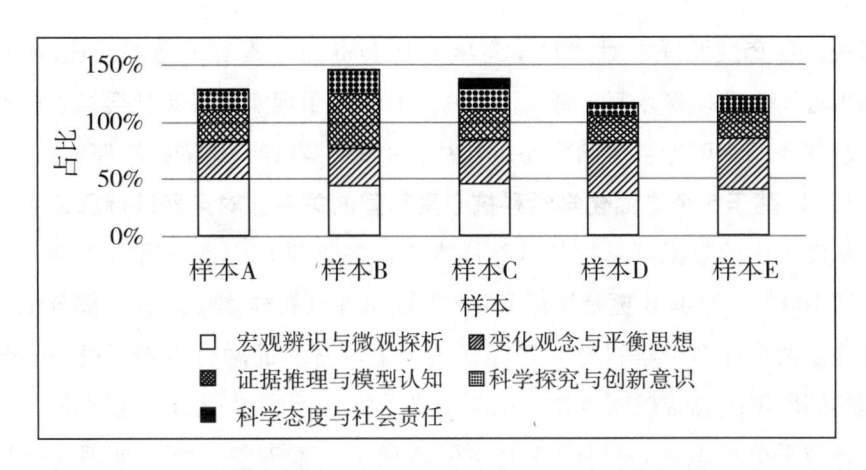

图1 化学学科核心素养在 2021 年 5 套高考化学试题中的分布情况

（一）考查全面覆盖 5 个方面的化学学科核心素养，但各素养的分布存在差异

从图1中的数据可见，所选5套试题样本均对5个方面的化学学科核心素养进行了考查，且各素养在各套试卷样本中的分布情况基本一致。5套试题样本中，"宏观辨识与微观探析""变化观念与平衡思想""证据推理与模型认知"素养所占比例均高于"科学探究与创新意识"素养。

进一步追踪分析试题可见，各套试题对"宏观辨识与微观探析""变化观念与平衡思想"素养的考查均比较全面、多元。一方面，相关试题所涉及的课程内容比较丰富，基本覆盖课程标准中相关内容主题的学业要求。另一方面，对素养内涵的考查比较全面，考查了学生从元素、原子、分子水平认识物质的组成、结构、性质、变化的能力和从宏观-微观相结合的视角分析解决实际问题的能力；考查了学生从物质变化、能量变化视角分析和利用化学变化的能力，从限度、速率等角度认识和调控化学变化的能力，以及运用化学反应原理解决实际问题的能力。尽管各套试题样本对"证据推理与模型认知""科学探究与创新意识"素养的考查占有一定比例，但考点分布不够全面。例如，关于"科学探究与创新意识"素养的考查，大多数试题样本主要聚焦在分析与设计实验方案和获得实验结论上，缺少对提出问题或假设、反思，或评价实验方案等方面的考查，且均缺少对课程标准中规定的必做实验的考查。各套试卷样本对"科学态度与社会责任"素养的考查均比较单一，且基本处于学业质量水平 1 或 2。可见，如何基于现实情境和社会热点问题设计试题任务，深度考查"科学态度与社会责任"素养，仍需持续探索。

（二）基于 5 个方面化学学科核心素养间的关系，对素养进行融合考查

从图 1 中的数据可见，各试卷样本中，各学科核心素养所占比例之和均超过了 100%，样本 B 更是接近 150%，说明各试卷样本中均有一部分试题同时考查了两个或多个学科核心素养，实现了对素养的融合考查。进一步分析试题的问题解决思维机制可知，试题主要是将"宏观辨识与微观探析"、"变化观念与平衡思想"、"科学探究与创新意识"素养与"证据推理与模型认知"素养进行融合考查，如例 1；或将"科学探究与创新意识"素养与"宏观辨识与微观探析"、"变化观念与平衡思想"素养进行融合考查，如例 2。

【例 1：2021 年普通高中学业水平选择性考试广东卷第 10 题（有改动）】

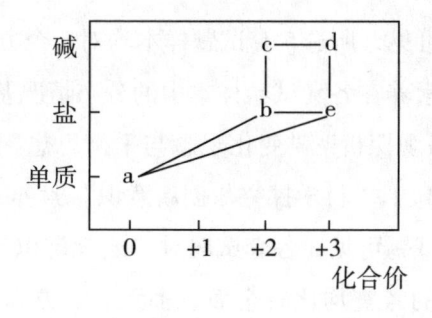

部分含铁物质的分类与相应化合价关系如图所示。下列推断不合理的是（ ）

A. a 可与 e 反应生成 b

B. b 既可被氧化，也可被还原

C. 可将 e 加入浓碱液中制得 d 的胶体

D. 可存在 b→c→d→e→b 的循环转化关系

从问题任务分析，该题考查了学生能否从元素水平认识铁及其化合物的性质及转化，是对"宏观辨识与微观探析"素养的考查。从问题解决思维机制分析，解决该题的思维路径是"判断反应物所属类别和铁元素价态—根据其所属类别和氧化还原反应规律推断物质性质或转化关系"，该思维路径通过

认识铁、硫等元素及各元素的化合物性质的本质特征、构成元素及各元素的相互关系建立认知模型，是对"证据推理与模型认知"素养的考查。由此可见，该题对"宏观辨识与微观探析"与"证据推理与模型认知"素养进行了融合考查。

【例2：2021年高考理科综合能力测试全国甲卷第27题（有改动）】

胆矾（$CuSO_4 \cdot 5H_2O$）易溶于水，难溶于乙醇。某小组用工业废铜焙烧得到的CuO（杂质为氧化铁及泥沙）为原料与稀硫酸反应制备胆矾，并测定其结晶水的含量。

回答下列问题：

……

（3）待CuO完全反应后停止加热，边搅拌边加入适量H_2O_2，冷却后用$NH_3 \cdot H_2O$调pH为3.5~4，再煮沸10 min，冷却后过滤。其中，控制溶液pH为3.5~4的目的是_____，煮沸10 min的作用是_____。

从问题任务分析，该题考查了学生对实验方案的分析论证能力，是对"科学探究与创新意识"素养的考查。从问题解决思维机制分析，解决该题的思维核心是"找到Cu^{2+}、Fe^{3+}的水解平衡，利用平衡移动规律，从平衡移动角度动态分析化学变化"，是对"变化观念与平衡思想"素养的考查。由此可见，该题将"科学探究与创新意识"与"变化观念与平衡思想"素养进行了融合考查。

这种考查方式符合化学学科核心素养各方面的内在关系。即"宏观辨识与微观探析"、"变化观念与平衡思想"和"证据推理与模型认知"，分别是从学科观念和思维方式视角对化学科学思维的描述；"科学探究与创新意识"是对化学科学实践的表征；"科学态度与社会责任"是对化学科学价值取向的刻画，是化学学科整体育人功能和价值的具体表现；同时也更有利于凸显化学学科核心素养的内涵，实现高水平素养的考查。

二、多层次考查化学学科核心素养，体现素养发展进阶

课程标准中明确了化学学业质量的内涵，并将化学学业质量水平划分为4级，每一级水平的描述均包含了化学学科核心素养的5个方面，呈现了素养

的发展进阶。2021年高考化学试题难度控制合理,从多个层次考查了化学学科核心素养的5个方面,并体现了素养发展进阶。表1以广东卷为例,分析了其对"科学探究与创新意识"素养的考查层次和水平。

表1 "科学探究与创新意识"素养考查层次和水平分析示例

试题节选	素养考查水平分析
例3 测定浓硫酸试剂中 H_2SO_4 含量的主要操作包括:①量取一定量的浓硫酸,稀释;②转移定容得待测液;③移取 20.00 mL 待测液,用 0.1000 mol/L 的 NaOH 溶液滴定。上述操作中,不需要用到的仪器为_____。 A B C D	本题考查了课程标准规定的必做实验"配制一定物质的量浓度的溶液"和"强酸与强碱的中和滴定",要求学生能够依据实验操作的需要选择常见的实验仪器,达到了学业质量水平1-3,即"科学探究与创新意识"素养水平1的要求。
例4 某氯水久置后不能使品红溶液褪色,可推测氯水中_____已分解。检验此久置氯水中 Cl^- 存在的操作及现象是_____。	本题考查了学生根据实验现象得出实验结论的能力和设计简单实验方案完成物质检验任务的能力,达到了学业质量水平2-3,即"科学探究与创新意识"素养水平2的要求。

(续表)

试题节选	素养考查水平分析
例5 某合作学习小组进行以下实验探究。 ①实验任务。通过测定溶液电导率,探究温度对AgCl溶解度的影响。 ②查阅资料。电导率是表征电解质溶液导电能力的物理量。温度一定时,强电解质稀溶液的电导率随溶液中离子浓度的增大而增大;离子浓度一定时,稀溶液电导率随温度的升高而增大。 ③提出猜想。猜想 a:较高温度的 AgCl 饱和溶液电导率较大。 猜想 b:AgCl 在水中的溶解度 $S(45\ ℃) > S(35\ ℃) > S(25\ ℃)$。 ④设计实验、验证猜想。取试样 Ⅰ、Ⅱ、Ⅲ(不同温度下配制的 AgCl 饱和溶液),在设定的测试温度下,进行表中实验1~3,记录数据。 	实验序号	试样	测试温度/℃	电导率/(μS/cm)
---	---	---	---
1	Ⅰ:25 ℃ 的 AgCl 饱和溶液	25	A_1
2	Ⅱ:35 ℃ 的 AgCl 饱和溶液	35	A_2
3	Ⅲ:45 ℃ 的 AgCl 饱和溶液	45	A_3 | ⑤ 数据分析、交流讨论。实验结果为 $A_3 > A_2 > A_1$。小组同学认为,此结果可以证明③中的猜想 a 成立,但不足以证明猜想 b 成立。结合 ② 中信息,猜想 b 不足以成立的理由有_____。 ⑥优化实验。小组同学为进一步验证猜想 b,在实验1~3 的基础上完善方案,进行实验 4 和 5。请在答题卡上完成表中内容。 | 实验序号	试样	测试温度/℃	电导率/(μS/cm)
---	---	---	---
4	Ⅰ		B_1
5			B_2	 ⑦实验总结。根据实验1~5 的结果,并结合②中信息,小组同学认为猜想 b 也成立。猜想 b 成立的判断依据是_____。	⑤考查了学生能否在有信息提示的情况下,对实验方案及现象进行分析,论证实验结论的合理性,达到了学业质量水平3-3,即"科学探究与创新意识"素养水平3"能选择合适的实验试剂和仪器装置,控制实验条件,安全、顺利地完成实验;能基于现象和数据进行分析推理得出合理结论"的要求。 ⑥⑦考查的是学生在复杂的化学问题情境中,运用变量控制思想设计关于变化规律探究的综合实验方案的能力,以及基于实验方案和实验结论对多个实验方案进行综合、系统分析,寻找支持实验结论的实验证据的能力,并能用正确的实验数据关系表征,达到了学业质量水平4-3,即"科学态度与创新意识"素养水平4 的要求。

三、融合现实情境设计结构化试题,示范素养导向命题策略

2021年高考化学试题整体上体现了素养导向下"以核心素养为测试宗旨,以真实情境为测试载体,以实际问题为测试任务,以化学知识为解决问题的工具"的命题原则。大部分试题都是以真实情境为载体,以化学学科核心知识和活动经验为基础,以化学认识方式和学科思想为内涵,设计考查学习理解、应用实践、迁移创新等不同能力素养水平的问题任务,全面综合考查化学学科核心素养。大部分试题都具有较高的结构化水平,并能围绕某一主题设计选择题的选项或解答题的设问,且同一试题的选项或设问之间具有一定的关联性或逻辑性,从而考查学生思考角度的多样性和思维过程的系统性,突出对学科核心素养内涵的考查。结合例6具体分析如下。

【例6:2021年普通高中学业水平选择性考试河北卷第15题(有改动)】

绿色化学在推动社会可持续发展中发挥着重要作用。某科研团队设计了一种熔盐液相氧化法制备高价铬盐的新工艺,该工艺不消耗除铬铁矿、氢氧化钠和空气以外的其他原料,不产生废弃物,实现了 Cr–Fe–Al–Mg 的深度利用和 Na^+ 内循环。工艺流程如下图所示。

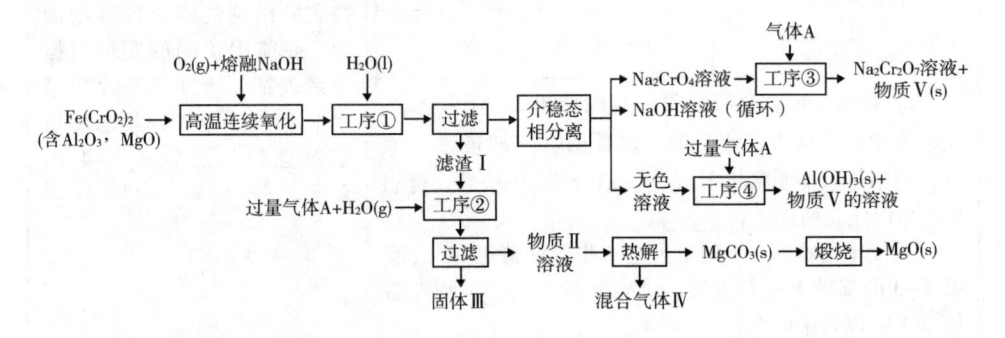

```
                   O₂(g)+熔融NaOH    H₂O(l)                              气体A
                        │              │                                   │
Fe(CrO₂)₂  ──→  高温连续氧化 ──→ 工序① ──→ 过滤 ──→ 介稳态  ──→ Na₂CrO₄溶液 ──→ 工序③ ──→ Na₂Cr₂O₇溶液+
(含Al₂O₃,MgO)                                    相分离     NaOH溶液(循环)              物质V(s)
                                          │                      │
                                        滤渣Ⅰ                  过量气体A
                                          │                      │
                过量气体A+H₂O(g) ──→ 工序② ──→  无色溶液 ──→ 工序④ ──→ Al(OH)₃(s)+
                                          │                                物质V的溶液
                                        过滤
                                      ┌───┴───┐
                                    固体Ⅲ  物质Ⅱ溶液 ──→ 热解 ──→ MgCO₃(s) ──→ 煅烧 ──→ MgO(s)
                                              │
                                          混合气体Ⅳ
```

回答下列问题:

(1)高温连续氧化工序中被氧化的元素是_____(填元素符号)。

(2)工序①的名称为_____。

(3)滤渣Ⅰ的主要成分是_____(填化学式)。

(4)工序③中发生反应的离子方程式为_____。

(5)物质V可代替高温连续氧化工序中的NaOH,此时发生的主要反应

的化学方程式为_____，可代替 NaOH 的化学试剂还有_____（填化学式）。

（6）热解工序产生的混合气体最适宜返回工序_____（填"①"、"②"、"③"或"④"）参与内循环。

（7）工序④溶液中的铝元素恰好完全转化为沉淀的 pH 为_____。（通常认为溶液中离子浓度小于 10^{-5} mol·L^{-1} 为沉淀完全；Al(OH)$_3$ + OH$^-$ $\rightleftharpoons$ Al(OH)$_4^-$：$K = 10^{0.63}$，$K_w = 10^{-14}$，K_{sp}[Al(OH)$_3$] = 10^{-33}）

该题以真实的生产工艺流程为情境，按照生产工艺顺序设计问题，符合学生解读生产工艺的认识发展逻辑，且各问题之间具有一定的关联性，是一道结构化水平较高的试题。该题第（1）（3）（4）（5）小题均考查了物质转化，突出了对"变化观念与平衡思想"素养的多层次考查。其中，第（1）小题考查学生直接利用从工艺流程中提取出的有效信息"Fe(CrO$_2$)$_2$ 转化为 Na$_2$CrO$_4$，且过程中除 O$_2$ 外，没有其他氧化剂"和 Fe（Ⅱ）易被氧化的性质进行分析判断的能力，属于应用实践水平的直接应用信息或知识进行推论预测类问题。第（3）小题考查学生能否从 Fe（Ⅱ）的还原性、反应条件与介质对产物的影响等多角度综合分析解决问题，属于在信息提示下多角度分析进行推论预测类问题。第（4）（5）小题要求学生对已知信息、反应规律、物质性质进行综合系统分析，根据化学反应原理预测物质转化的产物，并用化学用语进行准确表达，属于迁移创新水平的复杂推理类问题。第（2）小题设计了物质分离方案补全设计任务，考查了"科学探究与创新意识"素养。第（6）小题突出了对循环经济的考查，实现了对"变化观念与平衡思想"与"证据推理与模型认知"素养的融合考查。第（7）小题则要求学生基于化学平衡常数与浓度商的变量关系模型，在定量水平上调控反应条件，属于迁移创新水平问题，是对"证据推理与模型认知"素养的高水平考查。

对上述试题分析可见，基于复杂的真实情境设计问题时，首先需要从知识、学科核心素养及其水平等维度规划设计试题结构，再通过调控真实情境中已知信息的间接度，设计学习理解、应用实践、迁移创新等不同水平的试题任务，从而实现对化学学科核心素养全面、综合、多层次的考查。

2021 年高考化学试题坚持以化学学科核心素养为导向，体现出"素养"

"情境""问题""知识"4个要素在素养导向试题中的定位与相互联系，对化学教学与评价改进起到了正导向和引领示范作用。

参考文献：

[1] 中华人民共和国教育部. 普通高中化学课程标准（2017年版2020年修订）［M］. 北京：人民教育出版社，2020.

[2] 王磊，于少华. 对高中化学课程标准若干问题的理论阐释及实践解读［J］. 中学化学教学参考，2018（13）：3-9.

[3] 王磊. 基于学生核心素养的化学学科能力研究［M］. 北京：北京师范大学出版社，2018.

新高考化学主观题情境创设水平的研究

——基于2021年六套高考化学试卷的分析

毛璐佳[①]　王祖浩[②]

2019年，教育部考试中心发布《中国高考评价体系》（以下简称"高考评价体系"），指出情境是考查载体，要求学生在现实情境中运用所学解决问题，展现综合素质。近些年，情境化已成为试题命制的发展趋势之一，有效的情境创设可以最大化地发挥情境的作用，实现高考由传统的"知识立意""能力立意"评价向"价值引领、素养导向、能力为重、知识为基"综合评价转变。本研究的主要问题是：现阶段我国高考化学主观题情境创设水平如何？不同内容取向化学主观题的试题情境创设水平有何差异？

一、试题情境创设的要素分析

（一）试题情境的界定

"情境"一词内涵丰富，在不同的领域有不同的解释。教育领域中的"情境"主要指在一定文化设定下，焦点事件发生的客观环境。高考评价体系指出，情境是评估的载体，要注重考查的基础性、综合性、应用性和创新性。试题情境的界定借用了罗日叶提出的"问题情境"，指针对某个既定的任务，要求学生联结起来的一组背景化的信息。就化学学科而言，情境为学生学习化学提供意义，学生依据自己对于情境的理解，构建相关概念的连接线索。

本研究结合高考化学试题的特征以及化学学科的特点，将化学试题情境定义为：围绕某一时空和文化背景下的焦点事件，运用文本、图片、表格等呈现信息，设计问题任务或探究活动，考查学生化学学科核心素养水平的载体，其中焦点事件包含具体的化学信息和相关的化学活动过程。

---

① 毛璐佳，华东师范大学课程与教学论硕士研究生。
② 王祖浩，华东师范大学教师教育学院教授，化学教育博士生导师。

创设有效的试题情境是促进试题质量提升的途径之一，是核心素养导向下试题的主要特征之一。国内对于试题情境创设的研究主要基于具体的试题案例分析，缺乏量化的评价试题情境创设水平的相关研究。本文拟通过确定试题情境创设的要素，划分试题情境创设水平，并对我国2021年高考化学试卷中主观题的情境创设水平进行分析。

（二）试题情境创设的要素

本研究涉及的试题情境创设要素是在现有试题情境相关研究基础上，结合"一核四层四翼"的高考评价体系，与《普通高中化学课程标准（2017年版2020年修订）》（以下简称"课程标准"）中"素养、情境、问题、知识"的命题框架，以及高考化学试题特点得出以下三点要素。

要素1：情境具有真实性、科学性且具有正确的价值导向

在创设情境的过程中，使用贴近时代、社会、生活的素材，选取日常生活、生产活动中蕴含的实际问题，将学生的学习和生活紧密联系；也可选取化学实验、实践活动或科技成果等，体现科学、技术、社会和环境发展（STSE）的成果。由于真实的情境较为复杂，故在试题命制过程中要对情境进行合理改造。需要注意的是，在命制过程中不可违反科学性原则。同时，情境还具有重要的价值功能：为化学学习提供意义，反映化学在个人、社会、文化方面的价值，故在情境创设中要遵循正确的价值导向，落实高考立德树人的核心功能。

要素2：情境与题设目标、设问之间具有关联性

情境与试题的考查内容、目标和要求有密切联系，情境与设问之间存在关联。创设的情境符合一般学生的已有水平和认知特点，为学生提供思路和方向；学生可以从创设的试题情境中提取出有效的信息或条件，进而运用已学的化学知识、技能和方法解决问题。

要素3：情境具有原创性、综合性

创设的情境具有一定的新意，情境素材中隐含解决问题所需要的新知识或新的思维方法，来帮助学生解决复杂问题。学生需要对情境素材进行有效加工、分析或推理等高阶认知活动，灵活运用、整合已有的化学知识、技能和方法，以此作为解决复杂问题的工具，综合各方面的考虑最终解决问题，落实高考评价体系"四翼"中的"综合性""创新性"要求。

二、试题情境创设水平研究设计

(一) 研究对象

自 2014 年我国启动新一轮高考改革以来,至今已有三批高考综合改革试点平稳落地。本研究分别从这三批中选取试卷,A 和 B 分别属于第一批、第二批,采用的是"3+3"高考模式①,试卷中所有的主观题均为必考题;C 属于第三批,采用的是"3+1+2"高考模式②,试卷中的主观题分为必考题和选考题两类,选考题由学生选择其一作答即可。本研究以 2021 年六套自主命题的高考化学试卷为样本,就其中主观题的情境创设水平进行分析。其中,A 有两套试卷,编号分别为 A1、A2;B 有一套试卷,编号为 B1;C 有三套试卷,编号分别为 C1、C2、C3。这六套高考化学试卷中主观题的整体情况如表 1 所示。

表 1 研究对象的整体情况

类别	试卷	题号	内容取向	总分	分值(占比)
第一批"3+3"模式试卷 A	A1	26	物质结构与性质	50	3 (6.0%)
		27	无机综合计算		3 (6.0%)
		28	物质推断		10 (20.0%)
		29	化学反应原理		12 (24.0%)
		30	实验综合		12 (24.0%)
		31	有机综合		10 (20.0%)
	A2	26	物质结构与性质	50	3 (6.0%)
		27	无机综合计算		3 (6.0%)
		28	物质推断		8 (16.0%)
		29	化学反应原理		12 (24.0%)
		30	实验综合		12 (24.0%)
		31	有机综合		12 (24.0%)

---

① "3+3"高考模式指考生总成绩由统一高考的语文、数学、外语 3 个科目成绩和高中学业水平考试 3 个科目成绩组成。计入总成绩的高中学业水平考试科目,由考生根据报考高校要求和自身特长,在思想政治、历史、地理、物理、化学、生物学等科目中自主选择。

② "3+1+2"高考模式,"3"为全国统一高考科目的语文、数学、外语;"1"为"首选科目",要求从物理、历史 2 门科目中确定 1 门;"2"为"再选科目",要求从思想政治、地理、化学、生物学 4 门科目中确定 2 门。其中,语文、数学、外语 3 门使用全国卷,物理、历史、化学、地理、思想政治、生物学 6 门由各省份组织命题。

(续表)

类别	试卷	题号	内容取向	总分	分值（占比）
第二批"3+3"模式试卷B	B1	16	物质结构与性质	60	10（16.7%）
		17	工业流程		13（21.7%）
		18	实验综合		13（21.7%）
		19	有机综合		12（20.0%）
		20	化学反应原理		12（20.0%）
第三批"3+1+2"模式试卷C	C1	15	实验综合	54	10（18.5%）
		16	化学反应原理		15（27.8%）
		17	工业流程		14（25.9%）
		18	物质结构与性质		选考题
		19	有机综合		15（27.8%）
	C2	17	实验综合	57	12（21.1%）
		18	工业流程		16（28.1%）
		19	化学反应原理		14（24.6%）
		20	物质结构与性质		选考题
		21	有机综合		15（26.3%）
	C3	17	实验综合	56	14（25.0%）
		18	工业流程		15（26.8%）
		19	化学反应原理		13（23.2%）
		20	物质结构与性质		选考题
		21	有机综合		14（25.0%）

注：表中同类分值占比的总和超过100%，是因为对数据进行了四舍五入处理。下文中，某些同类数据之和不足或超过100%的原因也是对数据进行了四舍五入处理。

（二）研究工具

基于高考化学主观题情境创设三个要素的分析，可以确定化学主观题情境创设的水平，以此为评估工具，由低到高可分为0、1、2、3四级水平，具体说明如表2所示。

表 2　化学主观题情境创设的水平

水平	0	1	2	3
包含要素	无	要素1	要素1，要素2	要素1，要素2，要素3
简要说明	试题没有创设情境	试题有真实、科学且具有正确价值导向的情境创设，但情境与题设之间没有关联，即删去情境学生也可直接作答	试题有真实、科学且具有正确价值导向的情境创设；情境与题设目标、设问之间具有关联性，需要学生提取有效信息，再运用已有知识、技能、方法解决问题	试题有真实、科学且具有正确价值导向的情境创设，并且具有原创性、综合性；情境与题设目标、设问之间具有关联性，隐含新的知识或解题的思维方式，需要学生对信息进一步加工，再综合运用已有知识和新知识、新思维方式解决问题
图示	考核目标/考核内容 → 已有知识、技能、方法 → 问题解决	考核目标/考核内容 → 已有知识、技能、方法 → 问题解决；情境	考核目标/考核内容 → 提取信息 → 已有知识、技能、方法 → 问题解决；情境	考核目标/考核内容 → 提取、加工、分析信息 → 获取新的知识或思维 → 已有知识、新知识和思维方式 → 问题解决 → 综合考虑；情境

（三）编码方法

本研究以表 2 为情境创设水平的评估依据，将大题中最低层级的小题作为评价的内容单元，对各小题进行编码研究，统计每个小题的分值和对应的情境创设水平。由于每个小题之间存在容量等差异，故对于不同的小题应当赋予不同的权重才具可比性，本研究的权重设置为各小题的分值，此修正可使结果在对比过程中更准确。具体计算过程为：小题的分值乘以对应水平数值，加和后除以总的主观题分数，得到各水平在主观题中的比例（以百分比的形式呈现），占比乘以相应的水平数值，相加后即为整份试卷主观题情境创设的平均水平。试卷 C1、C2、C3 有二选一的选考题，试卷中主观题总分仅考虑一个选考题的分数，但研究过程中将其主观题总分按照全部主观题分值之和来算，即 C1 总分 69，C2 总分 72，C3 总分 70。

（四）评估示例

现以试卷 C2 的试题为样例，说明评估情境创设水平的过程。

【水平 1 样例】

KH_2PO_4 晶体具有优异的非线性光学性能。我国科学工作者制备的超大 KH_2PO_4 晶体已应用于大功率固体激光器，填补了国家战略空白。回答下列问题：

（1）在 KH_2PO_4 的四种组成元素各自所能形成的简单离子中，核外电子排布相同的是_____（填离子符号）。

（答案：K^+ 和 P^{3-}）

此题以我国科学家的重要研究成果为背景，该情境创设符合要素 1，是真实的、科学的情境，且体现了我国科学的飞速发展。第（1）小题考查的是离子核外电子排布的相关内容，若去除情境信息，学生也可以作答，不需要从情境中提取、加工信息，故该小题的情境创设属于水平 1。

【水平 2、水平 3 样例】

绿色化学在推动社会可持续发展中发挥着重要作用。某科研团队设计了一种熔盐液相氧化法制备高价铬盐的新工艺，该工艺不消耗除铬铁矿、氢氧化钠和空气以外的其他原料，不产生废弃物，实现了 Cr－Fe－Al－Mg 的深度利用和 Na^+ 内循环。工艺流程如下图所示。

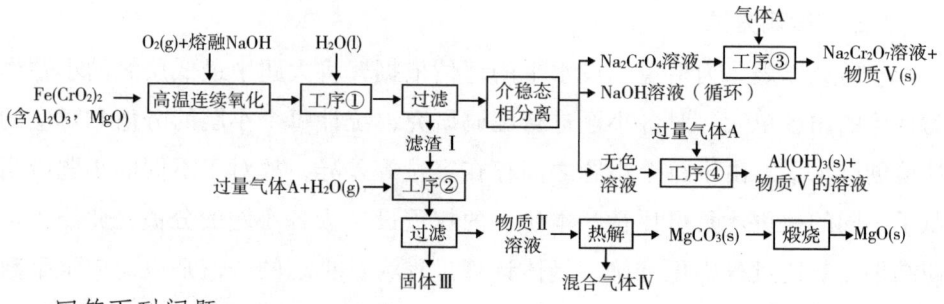

回答下列问题：

（1）高温连续氧化工序中被氧化的元素是_____（填元素符号）。

（答案：Fe、Cr）

（5）物质 V 可代替高温连续氧化工序中的 NaOH，此时发生的主要反应的化学方程式为_____，可代替 NaOH 的化学试剂还有

_____（填化学式）。

答案：$4Fe(CrO_2)_2 + 7O_2 + 16NaHCO_3 \xrightarrow{\text{高温}} 8Na_2CrO_4 + 2Fe_2O_3 + 16CO_2 + 8H_2O$；$Na_2CO_3$

该大题为学生创设某科研团队绿色化的工艺流程，并附上较为完整的流程图，具有真实性和科学性，传达了社会可持续发展的理念，符合情境创设的要素1；第（1）小题与情境有紧密联系，学生从情境中提取出原料中的铬铁矿主要含有氧化铝和氧化镁等杂质，以及铬有多种价态等信息，基于已学的金属和氧化还原的相关知识，即得出被氧化的元素是铁、铬，符合要素2，但不符合要素3，故第（1）小题的情境创设属于水平2；第（5）小题需要学生综合理解整个流程，分析得出物质A为二氧化碳，同时根据已有的知识推理出物质V为碳酸氢钠，并运用氧化还原等知识，多角度考虑方可解决问题，该小题符合要素2和要素3，故第（5）小题的情境创设属于水平3。

三、试题情境创设水平研究的分析与讨论

按照上述评估样例完成编码，对六套高考化学试卷主观题的情境创设水平逐一进行评估，展开分析和讨论。

（一）各试卷主观题情境创设水平情况

在编制过程中，发现六套高考化学试卷的主观题情境创设均有真实性、科学性，以及正确的价值导向，即没有水平为0的试题。对数据进行处理后绘制百分比的图表，得到六套高考化学试卷主观题情境创设各水平的占比情况，如图1所示，其中图1中左边"全部"对应的是所有样本各水平的占比情况。

整体来看，选取的六套高考化学试卷中，主观题情境创设均包含水平1、水平2、水平3，其中情境创设水平占比最大的是水平2，除B1外均达到40%，其次是水平3，最小的是水平1，所有样本的情境创设平均水平为2.12。从六套高考化学试卷之间的对比来看，主观题情境创设平均水平最高的是B1，达到2.42，A2和C1都高于整体平均水平；B1水平3的占比最大，为57%，C2水平2的占比最大为47%，A1水平2的占比最大为40%。就六套高考化学试卷各自的水平分布来看也存在差异：A2、C1、C2的水平分布均

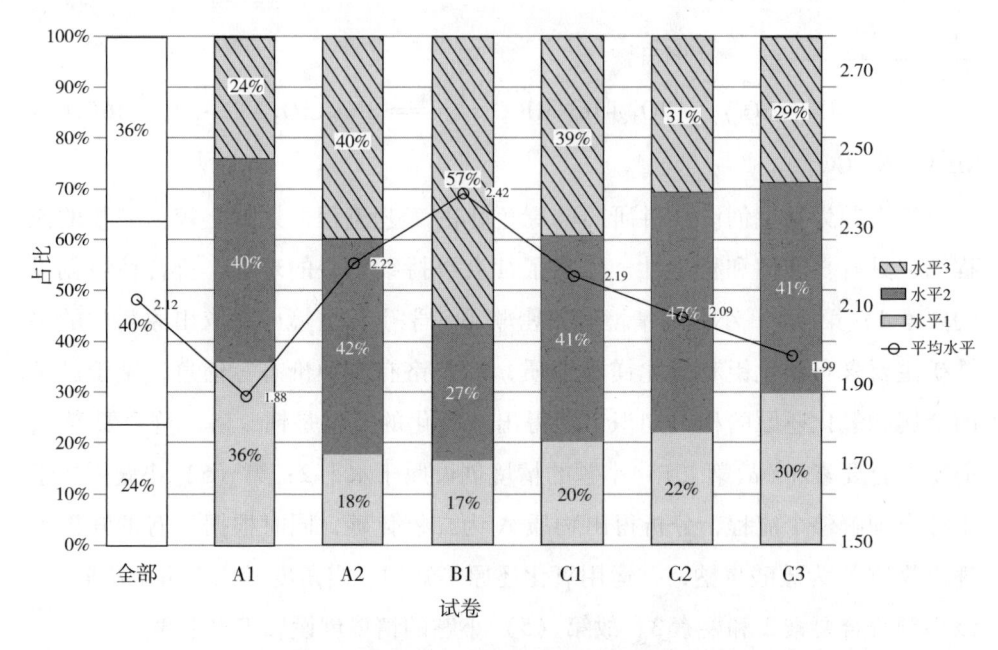

图1 各试卷所有主观题情境创设水平分布图

为水平2占比最大，水平1占比最小；A1、C3的水平分布均为水平2最高，水平3最低；B1的水平分布为水平3最高，水平1最低。

以大题为单元，得出每一个大题情境创设的平均水平，如图2所示。C3各大题之间的情境创设平均水平较为集中，差异较小；B1、C2各大题之间的情境创设平均水平存在较大差异。通过对两张图的分析来看，B1情境创设的整体水平最高，但大题之间的差异性较大，该试卷共有五个大题，其中有一

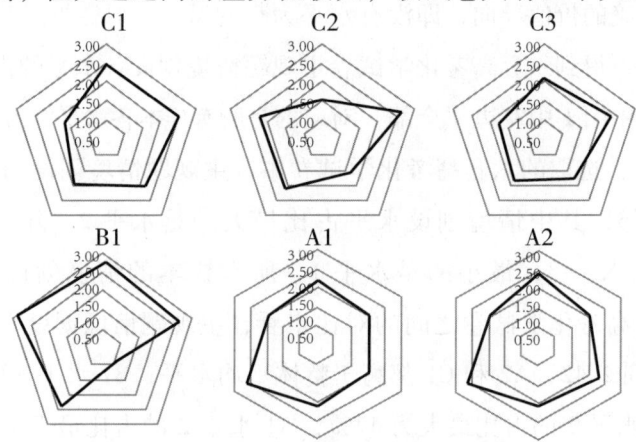

图2 各试卷各大题情境创设的平均水平

个大题的平均水平为1，其余的平均水平均在2~3之间。

整体来看，高考化学主观题情境创设水平较高。试题命制应为学生提供解决真实情境下不同复杂程度化学问题的机会，从数据分析来看，所选高考化学试卷的主观题均有情境创设，创设水平主要集中在水平2和水平3，说明高考试题中的情境与考查的目标大部分都有紧密联系，而不是可有可无的，并且具有不同的复杂程度，满足高考评价体系中的考查要求，既有较简单的情境活动保证考查的"基础性"，也有复杂的情境活动确保考查的"综合性、应用性、创新性"，有效考查学生不同水平的必备知识、关键能力和化学学科核心素养。但仍存在少部分水平1的试题，说明部分试题与情境缺乏关联性，可进一步修正与完善。

（二）不同内容取向主观题的情境创设水平情况

分析六套高考化学试卷后发现，其主观题的内容取向基本保持一致，主要可分为物质结构与性质、化学反应原理、有机综合、实验综合、工业流程五大类型。以类型为单位，各内容取向主观题的情境创设水平占比情况如图3所示。其中，"全部"的含义与图1相同。

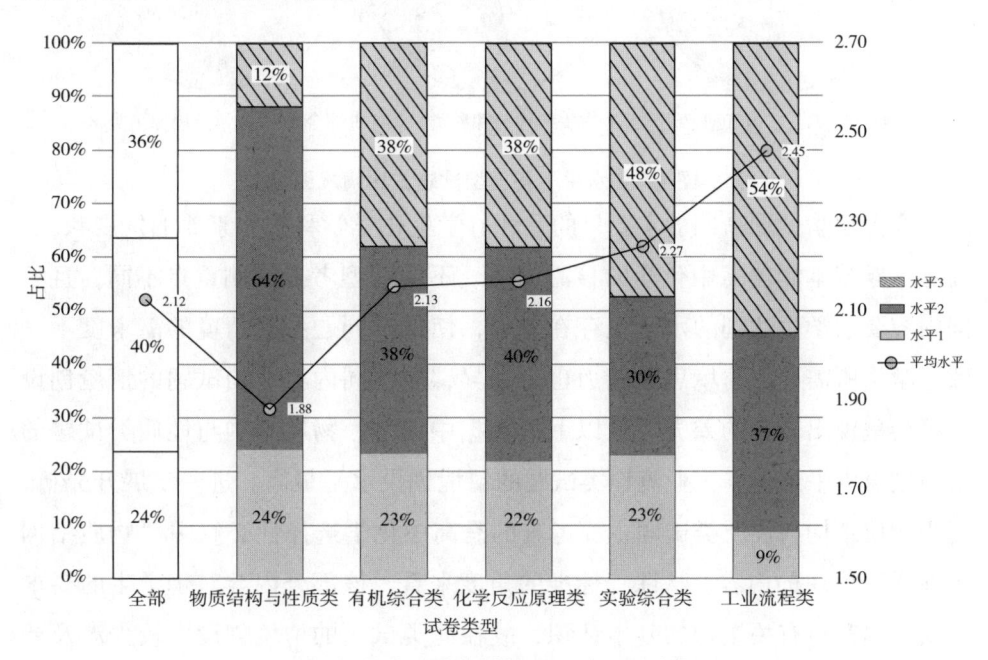

图3 各类型试题情境创设水平分布图

分析可得，各类试题的情境创设水平各有差异。整体来看，只有物质结构与性质类试题的情境创设平均水平低于整体平均值，仅为 1.88，其余都高于整体平均水平，其中工业流程类试题的情境创设水平最高，平均为 2.45，其次为实验综合类试题。化学反应原理类和有机综合类试题的情境创设水平基本与整体平均水平持平。

从各水平切入，得到不同水平下各类型试题的占比情况，如图 4 所示。水平 1 中，物质结构与性质类试题占比最大，达到 24.7%，工业流程类试题占比最小，为 8.2%；水平 2 中，化学反应原理类试题占比最大，达到 23.7%，实验综合类试题占比最小，为 13.8%，其余三类的占比差不多；水平 3 中，工业流程类试题占比最大，达到 28.5%，物质结构与性质类试题占比最小，为 4.5%，其余三类的占比基本持平。

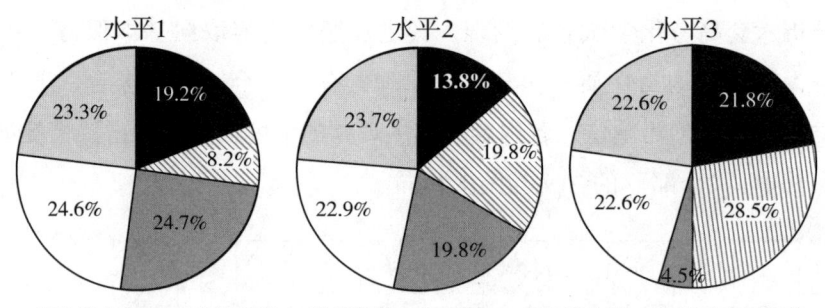

图 4　各水平下各类型试题占比情况图

高考化学试题命制的主要目的是评价学生化学学科核心素养的发展状况。高考试题基本涵盖高中化学的核心内容，不同题型考查的侧重点不同，且不同内容要求学生达到的水平也存在差异，使得不同题型对情境的需求度不一致，学生所需要的情境思维能力也有差异，故不同内容取向试题的情境创设水平会呈现出较大的差异。从以上的数据中可知，物质结构与性质类试题的情境创设水平最低，工业流程类试题的情境创设水平最高。进一步展开分析，因为物质结构与性质类试题主要考查的是高中化学选择性必修中"物质结构与性质"模块的内容，从课程标准的角度来看，该部分内容对于学生的要求主要是提升对有关结构的基本认识，故在此类试题的情境创设中较少涉及要素 3；而工业流程类试题是以简化后化学工业的实际流程为依托，试题本身综合性较强、覆盖面较广，需要学生真正理解情境，从情境中有效提取并加工信息，灵活运用所学和情境中新的思维方式解决问题，情境创设水平也就相应较高。

四、对试题情境创设的建议

第一，情境是学生在学习中认识现实世界的"窗口"，情境创设过程中，展现在学生面前的丰富多样的世界应具有真实性和科学性，同时不可忽视情境的育人功能。在本次研究中可看到，高考试题的情境创设丰富、新颖、引人入胜，同时有较好的价值导向，不仅有贴合学生生活的场景，还有反映社会可持续发展理念的绿色化学工艺，展现我国科技精神和力量的历史成就、前沿动态等，这些都充分发挥了情境的育人价值。

第二，试题的情境准确来说是"问题情境"而不是"题目情境"。情境是实现考查内容和考查要求的载体，在创设情境过程中，要注意情境与考核内容、设问的关联性，保证情境可为学生解决问题提供有效信息。同时，不同的考核目标所需要达到的水平具有差异性，并不是所有的试题情境创设都需要达到水平3，应根据具体的考核目标以及学生需要达到的水平，有选择性地创设情境，避免为了达到情境的"高水平"而超出考核目标。

第三，情境创设的"综合性"不等于"复杂性"。在情境创设过程中，切忌为了情境而情境，避免一味追求情境的高级而脱离学生的认知范围，不可以过度添加信息刻意复杂化情境或复杂化设问，增加学生不必要的认知负荷。具有综合性的试题情境是在符合考核目标的情况下，具有一定复杂性的问题情境，以具体的问题情境合理地、立体化地将化学学科核心内容紧密关联，构建具有内在逻辑的整体，进而考查学生的综合能力。

参考文献：

[1] 教育部考试中心. 中国高考评价体系说明 [M]. 北京：人民教育出版社，2019.

[2] 王云生. 化学试题的问题情境及其创设 [J]. 化学教学，2020 (9)：79-83.

[3] 全微雷. 化学情境思维能力测评与诊断 [D]. 上海：华东师范大学，2020.

[4] 易克萨维耶·罗日叶. 学校与评估：为了评估学生能力的情境 [M]. 汪凌，周振平，

译. 上海：华东师范大学出版社，2011.

[5] JOHN K. GILBERT. On the nature of "context" in chemical education [J]. International Journal of Science Education，2006，28（9）：957 – 976.

[6] 中华人民共和国教育部. 普通高中化学课程标准（2017 年版 2020 年修订）[M]. 北京：人民教育出版社，2020.

[7] 辛欣，王祖浩. 浙江新高考化学加试题难度研究 [J]. 化学教育（中英文），2020，41（11）：1 – 6.

[8] 顾鑫，陆建隆. 以"情境系数"描绘试题情境质量——以 2019 年江苏中考物理试卷为例 [J]. 物理教师，2021，42（3）：49 – 53.